在美国国会大厦前

激情燃烧的岁月

全家新年加油

为自己喝彩

参加深圳市民论坛

到上海看世博,体验磁悬浮列车

快乐的聚会

在社区作励志讲演

海峡两岸朋友欢聚在深圳

与轮椅朋友结伴乘船出游,向大海问好

从心站起

CONG XIN ZHAN QI

——我的行走笔记

石新荣 著

出院回到家里，坐在窗前，看街上人们轻快地骑自行车，看捡垃圾的人背个编织袋，东瞅瞅西看看，那时我羡慕地想，健康的他们是多么幸福！

人民日报出版社

图书在版编目（CIP）数据

从心站起：我的行走笔记 / 石新荣著. — 北京：人民日报出版社，2010.9
ISBN 978-7-5115-0136-3

Ⅰ. ①从… Ⅱ. ①石… Ⅲ. ①石新荣-自传
Ⅳ. ①K828.6

中国版本图书馆 CIP 数据核字（2010）第 147970 号

书　　名：	从心站起：我的行走笔记
作　　者：	石新荣 著

出 版 人：	董　伟
责任编辑：	宋　娜
封面设计：	刘文东

出版发行：	人民日报出版社
社　　址：	北京金台西路 2 号
邮政编码：	100733
发行热线：	（010）65369527　65369512　65369509　65369510
邮购热线：	（010）65369530
编辑热线：	（010）65369521
网　　址：	www.peopledailypress.com
经　　销：	新华书店
印　　刷：	北京顶佳世纪印刷有限公司

开　　本：	710×1092mm　1/16
字　　数：	200 千
印　　张：	14
印　　数：	10000–16000
印　　次：	2010 年 8 月第 1 版　　2010 年 11 月第 2 次印刷

书　　号：	ISBN 978-7-5115-0136-3
定　　价：	32.00 元

目 录

序 言
  深圳有个石新荣/詹国枢 …………………………………… 1
  一串幸福的风铃（代自序） ………………………………… 5

第一部分 涅 槃 / 1
  我是怎样快乐起来的 ………………………………………… 2
  住院记事 …………………………………………………… 10

第二部分 站 起 / 17
  1 生活上那点事儿 / 18
    吃 饭 ……………………………………………………… 19
    开 博 ……………………………………………………… 22
    轮椅走香港 ……………………………………………… 26
  2 我爱花草虫鱼 / 31
    瓷 韵 ……………………………………………………… 32
    我的兰花开了 …………………………………………… 36
    我养兰寿 ………………………………………………… 38
    我救活了一条金鱼 ……………………………………… 42
    山坑螺 …………………………………………………… 44

读　画 …………………………………………… 47

　　像樱花一样灿烂 ……………………………… 51

　　音乐厅里见博友 ……………………………… 53

第三部分 温 暖 / 57

　　激情燃烧的西北岁月 ………………………… 58

　　结婚的故事 …………………………………… 69

　　南　下 ………………………………………… 75

　　一起走过的日子 ……………………………… 79

　　儿子小时候的故事 …………………………… 83

　　儿子是真情吗？ ……………………………… 87

　　书痴石展 ……………………………………… 90

　　从心站起 ……………………………………… 95

　　久违的泪水 …………………………………… 101

　　爱的力量 ……………………………………… 106

　　芬芳的雪夜 …………………………………… 110

　　夜幕中的玫瑰花 ……………………………… 114

第四部分 怀 人 / 117

　　喜欢贾平凹 …………………………………… 118

　　想念叶鹏校长 ………………………………… 122

　　老　莫 ………………………………………… 126

　　快乐的涟漪 …………………………………… 130

　　六　爷 ………………………………………… 133

　　并非小说 ……………………………………… 138

　　画　缘 ………………………………………… 140

花　蕾 ·· 144
美丽的女人 ·· 147
人物摄影故事 ······································· 152
向爱情敬礼 ·· 157
寻　梅 ·· 163
影　子 ·· 166
鸟儿,你飞向何方? ································ 170
一封迟到的信 ······································· 190

第五部分 演 讲 / 201
要重视心理康复 ···································· 202
让关爱的春天常驻 ································· 207

跋
为石新荣干杯 / 叶　子 ···························· 209
他比我们更健康 / 莫海斌 ························· 213
你的心是一座花园 / 刘丽华 ······················ 217
老同事的一封信 / 王镇平 ························· 223

后 记 / 227

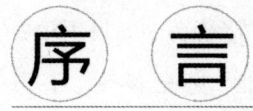

序言

深圳有个石新荣

詹国枢

回家路上，接朋友胡斌电话，希望给一本书写篇序。我问什么书，谁写的？胡斌说，一位朋友，叫石新荣，残疾人，住在深圳，新闻同行，书写得非常感人。这样，您先看看吧。

书稿送到手中，饭后无事，泡茶一杯，将书稿慢慢展开。这一展开不打紧，看着看着吸引了我，读进去，心中便有些隐隐作痛，阵阵发紧。

这是一个残酷的真实故事。

他，石新荣，深圳《证券时报》勤奋而又年轻有为的财经记者，一年使用机票50张以上，四年连续获得报社年度好新闻一等奖，正在西安负责西北总部工作并兼任首席记者，事业干得有声有色，业余刚刚完成西安交大研究生课程，又拿到另一重点大学EMBA录取通知书……一个能干好学、积极上进、前程美好的年轻人，却在不经意间，遭受了命运劈头盖脸的重重一击！

从心站起——我的行走笔记

一场突发车祸，让他躺进医院，醒来时，浑身缠满绷带，上下插遍管子，脑子一片空白，呼吸奄奄一息。从医生和亲属眼神里他似乎明白，完了，全完了！

是的，尽管经过和伤病一次次顽强博斗，尽管经过权威大夫最大努力，他还是全身瘫痪了！不但将终身与轮椅为伴，而且，从颈部以下，四个肢体，全部失去知觉，十个手指，完全僵硬，不能活动！

如此巨大的意外打击，如此强烈的人生反差，搁谁身上也是够残忍的。石新荣痛不欲生，心灰意冷，别无所想，但求一死。他在文字中作了如下描述：

"接受这个现实是残酷的。那些日子我不愿去治疗，躺在病床上，看着窗外的青山和山顶一条航线上掠过的一架架飞机，心如枯井，心灰意冷。

"晚饭后，我和病友们在河边乘凉。坐在一棵高大的木棉树下，看着一朵朵木棉花打着旋儿飘落，我在思考着死亡的问题。温泉镇风景如画，可如画的风光与我有什么关系呢？正是美国攻打伊拉克的时候，我在想，假如有一颗炸弹落到我头上多好。我又在想，如果有一颗陨石落在头上也好啊！

"有一天，隔壁来了一个病人，他说：'唉，活着真累，真想把自己给解决掉！'那一刻，我心里晴空万里、充满了阳光，许久没有的轻快感涌上心头——我终于有知音了！可病友仅仅说说而已，第二天又忙着进行他的康复治疗，我呢，一边消极地做着康复治疗，一边想着我的心事。

"电视新闻报道香港影星张国荣跳楼自杀了。我在想，张国荣变成了一只美丽的蝴蝶，他快乐地飞走了。那段时间，死亡对于我来说是两个亲切的字眼……"

一个心如死灰的意外伤残者,一个从人生顶峰突然摔下低谷的失意人,经过九九八十一道肉体的痛苦磨难,经历七七四十九次心灵的搓揉煎熬,渐渐地,他承受了,想开了,他试图在生活中去触摸和寻找人生的乐趣和意义。

——他开始有滋有味地养鱼、种兰花,不但喜欢瓷器、音乐和美术而且有了深入研究。

——他鼓励支持妻子以优异业绩回报社会,在数百人的高学历公司被评为"十佳员工"。

——他细心指导读小学的儿子读了300多本书,书单挂上博客后,成为家长们的参考。

——他积极建言献策,参与社会公益活动,为残疾朋友排忧解难,为公益事业添砖加瓦。

——他利用辅助工具在电脑上打字并开了博客,写出近二十万字的书,还打算创作小说。

凤凰涅磐,浴火重生。一个全新的充满活力和激情的石新荣重新归来,他快快乐乐、高高兴兴地面对朋友和亲人!经历人生洗礼的他,对人生已经淡然超然、大彻大悟。通过博客,他将自己的经历和感悟,痛苦和快乐,细细描述,娓娓道来,与爱他的人们和他爱的人们一道分享。

于是,有了摆在人们面前这本《从心站起》。

在细细读完全书文字后,不由让人有了一种感动,一种震撼,也有了一种沉思,一种回味。我想,此书出版以后,一定购回数册,让我的亲人们,尤其是我那可爱的小孙子和小孙女好好看一看,想一想。我想让他们知道,在中国,在深圳,有这样一位叔叔叫石新荣,他曾经经历过那样的意外打击和身心磨难,他曾经那样痛苦那样沮丧而如今又是如此阳光这般快乐。我相信,对于涉世未深天真烂漫的孩子,此书将是一笔宝贵财富,一个关于如何看待和对待人生的生动教材。

说实话,我是抱着姑且一看的态度阅读书稿的,看后提笔,写下了自己的感受。原本,我是没有资格为这样一本书写序的,尽管,我也曾经在媒体开过所谓《养心之道》的专栏,尽管,积六十余年之人生经历,我也曾在博客上与网友交流人生感悟。

以上文字,只能算是看完《从心站起》后的一点推介文字和读后感吧。

希望大家都来读读这本书。

希望大家都晓得,在中国深圳,有这么一个值得敬佩的人,他曾经有过那样一段痛苦不堪的生活而如今却又那样快乐阳光。

他的名字叫石新荣。

一串幸福的风铃(代自序)

快乐往往是短暂的,许多快乐是虚假的。人生要早早地营建自己的幸福感,亲情、友情、爱情、知识、健康,这些才是永恒的,它们会长久伴随你。

人最大的悲哀是绝望。绝望过的人不多,我绝望过,我知道要渡过绝望这一关,唯一的办法就是坚持,要相信时间的力量。

要学会放下,很多东西都很不重要,"身外之物"这四个字,只有经历过生死的人才理解。当我躺在病床上孱弱得要告别这个世界的时候,那一刻我明白了人生什么是珍贵的。

不要一味沉湎在失去中,多想想依然拥有的,珍惜拥有的,快乐生活、享受生活。

人生最大的失败是,当要告别人世的时候,发现世界上没有爱你的人和你爱的人。

我曾经奢想,给我两根能动的手指头多好啊,那样我可以写字、敲键盘、接电话、发信息、看书、拿勺子、端茶杯、梳头……如果给我两只健康的手,我将开始学习音乐和绘画,我会成为一名优秀的小提琴手或者画家,可是,这都是奢望!

有牵挂和被人牵挂,是一件幸福而富有的事情。人生的悲哀在于,不被人牵挂或者没有牵挂的人。

心头的结还是要一点点解开才好,要轻松,要释然。痛苦的人很多,许多痛苦是自己无法排解的,要活下去,也得淡化。能排解的,要坚决排解,绝不犹豫,虽然有阵痛。

心灵是珍藏财富唯一的仓库。

感情的问题是个很复杂的问题,也是个说不清的问题,存在即合理,因此要放下,眼睛要向前看,不能影响正常的生活。

我真是感动,感动于朋友的友情。这个世界真是因爱而生动。我已经淡泊了许多,但还时时不由得动情,所以,生活真好,活着真好!谢谢你们,我熟悉和不熟悉的朋友们!

第一部分

涅 槃

我是怎样快乐起来的

> 失去了健康，
> 但我还拥有很多，
> 最重要的是，
> 我拥有对生活的热情和憧憬。
> 轮椅上也是一种生活，
> 轮椅上照样有欢乐和梦想，
> 轮椅上的天空同样有彩虹！

1

我曾经是一名非常忙碌的财经记者，一年使用的机票在50张以上。我热爱我的工作，曾连续四年拿得财经日报《证券时报》年度好新闻一等奖。然而，2002年从天而降的一场车祸改变了这一切，我成了一个不能跑、不能写、不能用电脑的四肢瘫痪者。正是承担各种责任的年龄，却什么都承担不起。

失去了健康意味着什么？鸟儿折了翼，鱼儿搁了浅，猛兽被困牢笼。没有了健康的日子，天空是黑色的，音乐不再悦耳，花儿不再芳香。

2003年3月，我抱着康复的希望，来到位于广东省从化温泉镇的广东省工伤康复中心，可是在这里，我看到许多康复过的病友依然坐着轮椅，对我的打击很大。正是"非典"严重的时候，我让太太再次去北京求医。她拜访了国内许多著名专家，他们说，脊髓损伤的治疗是一个世界性的医学难题，目前仍然没有突破。我不甘心，世界脊髓年会第五十次会议在北京召开，我让朋友全程跟踪会议，还找来厚厚的论文集和有关专著一页页研读，之后我终于明白了，我将永远地坐在轮椅上！

接受这个现实是残酷的。那些日子我不愿去治疗，躺在病床上，看着窗外的青山和山顶一条航线上掠过的一架架飞机，心如枯井、心灰意冷。

晚饭后，我和病友们在河边乘凉。坐在一棵高大的木棉树下，

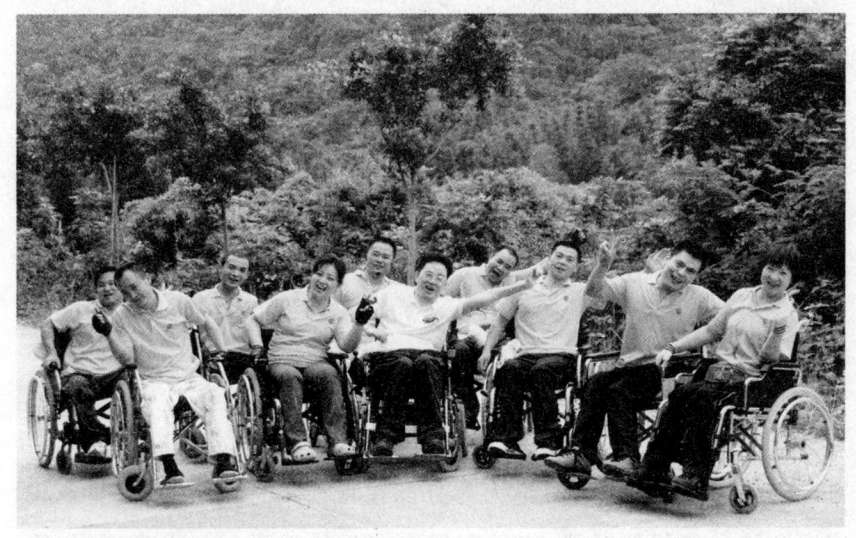
我与工伤病友在一起

看着一朵朵木棉花打着旋儿飘落，我在思考着死亡的问题。温泉镇风景如画，可如画的风光与我有什么关系呢？正是美国攻打伊拉克的时候，我在想，假如有一颗炸弹落到我头上多好。我又在想，如果有一颗陨石落在头上也好啊！

有一天，隔壁来了一个病人，他说："唉，活着真累，真想把自己给解决掉！"那一刻，我心里晴空万里、充满了阳光，许久没有的轻快感涌上心头——我终于有知音了！可病友仅仅说说而已，第二天又忙着进行他的康复治疗，我呢，一边消极地做着康复治疗，一边想着我的心事。

电视新闻报道香港影星张国荣跳楼自杀了。我在想，张国荣变成了一只美丽的蝴蝶，他快乐地飞走了。

那段时间，死亡对于我来说是两个亲切的字眼。心理医生给我做完测评后说，结果非常不好。我很清楚这个结果啊，怎么会好呢？感受不到希望，活着有什么意义啊？

但是，耳边还有一个声音在说，要坚持，苦难是暂时的，痛苦的日子终将会过去！抱着这个信念，我坚持着。阴霾终于渐渐散去，阳光慢慢来到了心田，过程虽然漫长，但我最终使自己快乐了起来。所以我想说，人最大的悲哀是绝望，绝望过的人不多，我绝望过，我知道要渡过绝望这一关，唯一的办法就是坚持，要相信时间的力量！

2

其次还要放下。很多的东西的确不重要，要放下身外之物，让自己轻松起来。工伤病友绝大部分都在青壮年时期致残，正是承担家庭和社会责任的时候，心里有很多东西放不下。我也是这样，我

36岁伤残,正是我人生感觉最好的时候,也是最自信的时候。我有过8年的大型国有企业的工作经历。大学毕业后我参加了国家"七五""八五"重点建设项目中州铝厂建设,这个项目地跨两市三县号称"有色宝钢"。我23岁负责中州铝厂的报社和对外宣传,荣获建设基地标兵称号。30岁南下深圳,进入了当时很火的证券时报社,十个月后我被派驻西北负责西北总部工作,兼任首席记者。受伤的时候,我刚刚完成西安交通大学金融专业研究生课程,同时拿到了一所重点大学的EMBA的录取通知书。可是这个时候,我折翅了,一时万念俱灰,心头许多东西放不下。

除了事业夭折造成的痛苦,家中也有很多牵挂。我是长子,上有年迈的父母,下有弱妻幼子。儿子正读小学二年级,我不能像其他家长那样尽父亲的责任了,孩子可能因为我的残废而有自卑感。我感觉对不起我的太太,这几年她跟随我东奔西走,现在我把这样一个烂摊子甩给了她,她能挑得起吗?西安是我们暂时客居的地方,今后我们回河南还是回深圳?如果回深圳,家能生存下去吗?很多的问题重重地压迫着我。

还有很多的烦恼和担心。我是一级伤残,但因为工伤保险缴费太低,我每月的工伤津贴深受影响,今后的日子怎么办?

背着沉重的包袱,我心情抑郁,经常莫名地发脾气,家庭气氛因此十分压抑。

回头看,面对现实、放下包袱很重要。自己是残疾人,不能用健康人的标准要求自己,否则造成自卑和自责,自己痛苦,亲人痛苦。应该力所能及地做自己能够做到的事情,让自己充实起来。经历生死后才知道,虽然失去了很多,但我还拥有亲情、友情和爱情啊,它们才是人世间最珍贵的,其他都是身外之物!包袱一件件放下后,我轻松了,快乐了,亲人们也快乐了,欢乐又回到了我的身边。

参观画展

3

第三要珍惜。不要光想自己失去了什么，还要多想想自己依然拥有什么，珍惜拥有的，快乐生活，享受生活。

过去，我总是被绑在一台台机器上运转，没有自己。现在我拥有时间和自由——这世界上最珍贵的两样东西，因此我富有！

我重拾过去的兴趣和爱好，还逐渐培养起了一些新的兴趣，我的生活重新有了色彩。

我喜欢上了金鱼。过去我对于养金鱼很不屑，现在我每天坐在鱼缸前观赏它们，频繁去鱼市购买金鱼和养鱼用品，乐此不疲。这些小生灵充实了我无聊的生活。

我还喜欢上了瓷器。原来就喜欢，现在有了充足的时间去研究。陶瓷给我开辟了一个异彩纷呈的世界。艺术家赋予了它们生命,它们成为我可以用心交流的朋友。

我爱上了音乐。音乐是最好的疗伤艺术,我到音像店选购唱片,回家一遍一遍地听。起初,我喜欢悠扬的弦乐,随着心情开朗起来,我又接受了气势磅礴的交响乐和歌剧。我开始走进音乐厅,2008年我去听了十几场音乐会。走出音乐厅,感到生活很美,城市很美。

我喜欢上了兰花。这种不起眼的花我过去怎么没有注意到呢?兰香优雅持续,它不绚丽,使我想到了人间的友谊,珍贵的友谊不也像兰香一样幽香绵长吗?我精心养育它,兰花发出了花蕾,爆出了新芽,我充满成就感!

我喜欢上参观美展,我是深圳的美术馆常客。从去展馆的路上,到进入展厅再到回家的途中,快乐美好的感觉使我觉得生活充满了芬芳……

4

2007年9月,我参加了深圳市残联举办的一个脊髓损伤者生活自立训练营,看到坐着轮椅从台湾来的老师,我很震撼,当我在自己小小的空间里寻找小乐趣的时候,同为脊髓损伤的他们却已经走向社会在为更多的残疾人服务!

训练营之后,我和我的营员伙伴们组成互助组,开始走向外面的世界,深圳的各个景点和周边城市都留下了我们的足迹。我们去了周边的许多城市,包括香港、澳门。2008年,我们几位四肢瘫患者,结伴去了海南和越南,我们还计划去台湾呢!

我开始积极参与社会活动,在城市无障碍建设、工伤职工权益保护和残疾人事业中建言献策,一些建议被政府和人大采纳。结合自己从心站起的经历,我到社区、医院和许多地方讲演,激励大家热爱生活。我参加了一些残疾人文化活动,积极参与社会爱心事业,鼓舞更多的人快乐生活、享受生活。

在家庭里,我指导儿子课外阅读,他在小学五年级之前阅读了300多本书。书籍使得孩子活泼、懂得真善美、思维活跃,小学毕业时被评为特长生。升入初中后,孩子积极参加学校活动,是活跃的学生会干部,被评为学校"爱心天使"和"艺术之星",在辩论赛中获奖。

我还支持太太努力工作,她在数百人的高学历公司连年被评为先进工作者,获得"特殊贡献者"和"十佳员工"称号。2007年,我们家庭获得深港残疾人"幸福之家"称号。

我特别想说的是,这些成绩的取得,与我自己努力走出困境、积极向上分不开。倘若我萎靡不振,我太太就不可能安心去工作,我们家庭也不会有阳光。我快乐了,爱我的亲朋好友才快乐。快乐的人身边朋友多,这几年,我的朋友越来越多。快乐的方式多种多样,让自己从心快乐起来,快乐传递快乐,快乐会更多。

5

与许多病友相比,我的情况很不好。我四肢瘫痪,胸部以下身体没有知觉,自己坐不起来,躺在床上翻不了身,一杯水放在面前喝不到口中,我的两只手24小时剧痛……可是我仍然力所能及地做着一些事情,努力地尽着自己的责任。所以说没有失败这回事,只有中途放弃的人,我相信每个人都能行!

在广东工伤康复中心,晚饭后散步时,我看到一些病友拄着双拐,一副愁眉苦脸的样子。我特别想对他们说,我好羡慕你们啊!我曾经奢想能拥有两根动弹的手指,改善我的生活质量……后来我有了一根假手指,我利用这个辅具一下一下地敲出了20万的文字。最近,我的书《从心站起——我的行走笔记》即将出版。我现在又有了新的目标——希望未来进行小说创作。

其实每个人都有局限性,有的人在精神上,有的人在心灵上,我们只是肢体残缺罢了,重要的是,不要让自己的精神和心灵再残疾。

去年我再来温泉镇,感受格外不同,温泉之美激动着我。清晨五六点,我被山林里的鸟鸣声叫醒,我分辨它们的叫声,体会着快乐。沿河散步时,我沉醉于鼻孔中浓郁的青草的气息。看花开花落,欣赏薄雾弥漫的流溪河、云雾缭绕的山颠,感觉满眼是锦绣,满眼是诗意。我拍了许多照片放到博客上,连在这里工作了几年的医护人员都吃惊,温泉镇的风光竟然如此之美!我告诉他们,因为我有一双发现美的眼睛!

虽然失去了健康,但我们还拥有很多。最重要的是,我拥有对生活的热情和憧憬。

《中国残疾人》杂志创刊二十周年,他们约我写卷首语。我文章的标题是《跳出圈子》。圈子是自己给自己戴上的枷锁,跳出了圈子,世界依然精彩,生活依然美好,轮椅上照样会有欢乐有梦想,轮椅上也是一种生活,轮椅上的天空同样有彩虹!

(根据2010年6月与广东省工伤康复中心病友交流录音整理,有删节)

从心站起——我的行走笔记

住院记事

我肺都气炸了,
血往上涌,想咬断自己的静脉表示抗议,
可发现左臂一点都动不了,
右手费劲地拉到下颌,就没有了力气。
我的眼泪哗地流了出来,哭出了声。

1

醒来的时候,我躺在一个很大的房间里,隐约能看到身旁仪器上闪烁的灯。身边的床上有人不断发出呻吟,房间很安静,仪器的蜂鸣声清晰入耳。

我想坐起来,可身子动不了。要喊人,发出的声音很微弱。找人,头转动不了方向。

进来一个护士,我说:"麻烦你把我扶起来吧,我想靠着床头坐。"她说:"你是坐不起来的。"

怎么能像死狗一样这样躺着!

"请把我家人叫来吧！"我说。

"这是ICU病房,家属不能进。"她说。

我感到愤怒,大声喊叫说:"我有话要对他们说！"她迟疑了一下,出去了。一会儿,我太太和我妹夫进来了,我说我要离开这里,要回家。他们说医生现在不让回家。

我大吼一声:"要马上回！"

太太出去了,一会儿进来说:"明天早晨吧！"

于是,我开始了漫长的等待。天渐渐黑了,仪器上的灯显得更加明亮,蜂鸣声使病房很安静。不清楚自己的状况,只看到身上有很多管子,鼻孔里、脖子上、手和脚上,一根根的管子连着我。身体被紧紧箍在床上,脖子也被东西卡着,动弹不得,感觉痛苦不堪。

盼望着离开这里,想到躺在家里舒适的床上,床头有我温馨的书架,墙上有我喜欢的书画,心里的感觉很奇特很美好。

一分钟一分钟地数着时间,终于,窗外露出了鱼肚白,我迫不及待地喊来护士,让她赶紧叫来我的家人。妹妹进来了,告诉我我太太出去买药了。

"不是说好了今天出院吗？"

"医生不让出。"

"原来你们在骗我！"我肺都气炸了,血往上涌,想咬断自己的静脉表示抗议,可发现左臂一点都动不了,右手费劲地拉到下颌,就没有了力气。

我的眼泪哗地流了出来,哭出了声。

在ICU,我度过了十多天痛苦而孤独的日子,几度病危,最后还是挺了过来。

2

出了 ICU，我转入骨科病房。同病房还有一位病人，两家的人员和探望者来来往往，房间里乱哄哄的，花篮里香水百合的味道很刺鼻，心情感到很烦躁。睡的是气垫床，感觉像睡在钢板上，身体疼痛不堪。医生说，我颈部以下没有知觉，不会有痛感。但我确实感觉很痛，是无法忍受的痛。家人帮我不停地揉搓，喝止痛药，打止痛针，无效。一天半夜，实在忍受不了，我叫医生给我打杜冷丁，她们给我打了，后来太太告诉我，打的是蒸馏水，医生说我是幻觉痛，打针没用。

身体很沉重，混沌中感觉自己变成了一只鸟儿，轻快地飞了起来，便大喊："快拉展我的翅膀，我飞走啦！"

颈椎内固定，脖子被颈套卡着，不能动弹。颈部还出现了褥疮，钻心地疼痛。气管被切开，插着一根吸痰管，护士不停地用吸痰器伸进气管抽痰，每抽一次，痛得有虚脱的感觉。

床头的吊瓶像葡萄，一串一串的，液体从早晨天刚亮输到深夜。手输肿了，就换到脚上输，脚输肿了，在大腿静脉处埋了一根管子继续输。由于长时间卧床，体位性低血压，坐不起来，病床摇到30度角度，就呼吸困难，眼睛发黑。头动不了，面前永远是天花板，房顶的灯箱是唯一的风景。奇怪的是，面部神经格外敏感，满脸都在发痒，指挥着家人不停给我抓挠。

吃不进东西，加上神经功能损伤，肌肉萎缩得很快，自己能够感觉身体在渐渐变薄，仿佛一张纸贴在床上。肌肉没有了，胳膊和腿的关节显得特别粗大，骨头细细的，四肢像市场上卖的猪大骨棒。来看我的人说,几天一个模样。

天冷了,医院开始供暖。病房在一楼,不巧的是窗外就是供暖锅炉,巨大的轰鸣声24小时不间断,我烦躁不安,精神处于崩溃边缘。想到了美国作家欧亨利的小说《最后一片树叶》里的情景,感觉自己就像那一片叶子,随时会飘落。

第四军医大学西京医院是西北最好的医院,但我天天想离开这个鬼地方。西安的朋友来看我,我就拜托他们帮助我转科室。终于,在一个多月以后,我从骨科转到了条件较好的大内科,我有了安静的单间。这个时候,我已经骨瘦如柴,孱弱得不成样子,深圳的一位同事第二次来看我,一见面就哽咽了起来。

3

经过一个多月的消耗,我的健康状况急剧恶化,转入内科后,人已经进不了食,每天发高烧,脑海里一直出现幻觉,脾气暴躁,有许多怪异的想法。

刚住进大内科,房间号是911,我对房号有了忌讳,让弟弟把房号抠掉。我又提出换房要求,几天后,有病房空出,护士给我换了房。搬入前,我要家人在病房里放鞭炮驱邪,他们买了几个气球在房间里踩了踩。我让家人改变病床的朝向,让它呈南北向。科主任查房时,看到我摆得怪怪的床,笑着对我说:"这栋大楼里就你一张床是这样摆的,没关系,只要你高兴就行!"我吃不进饭,医生劝我要吃饭,我脱口说:"为什么吃不进饭?这完全是你们的问题!"

脑子里不断出现幻觉。一天晚上,我母亲和妹妹出去买东西,只离开了一会儿,我就感觉出了问题,让身边人打电话给她们,没有打通,我要让人去报警……在各种奇怪的幻觉中,我大声喊叫,歇斯底里,嗓子都喊哑了。一天半夜,又这样叫喊,值班的男医生进来厉声喝斥道:"再喊叫我就让你出去!"我当时肺都气炸了,对他说:"你敢再踏进这个门,当心我的鞋底!"我还说:"明天我要给你写大字报!"第二天早晨,科主任过来说,她批评了那个医生,向我道歉,让我平平气。

哎,时间过去这么多年了,每当想起这些事,我都感觉很惭愧,病人真是不可理喻的,有经验的医生、护士,会妥善处理这些问题,不和病人对抗,因为他们知道,病人是不正常的。

4

没有想过自己会站立不起来。我是一位忙碌的财经记者,手机从来不敢关机,缺少的就是时间。西安市的一帮朋友来看我,我笑着对他们说:"以后有时间了,我会坐着轮椅找你们聊天!"他们称赞我心态好。其实我心里在想,怎么会呢?我还要继续奔跑的!

报社的领导来看我,我向他们提出的唯一要求就是保留我的岗位,我不能离开我的工作。他们说,社长也要过来看我,我捎话过去说,等我好起来后再见社长,我还要亲自接待社长呢!

隔壁一位病友推着轮椅过来串门,我太太羡慕地说:"我老公的手要是和你一样能动起来就好了!"我躺在床上心里很不屑,那算个什么呀,我还要奔跑呢!

一天,家人用热水给我泡手,手伸进水盆里,竟然没有热的感觉。我一怔,刹那间意识到了问题的严重性。联想到太太有一天电话中说出的"高位截瘫"四个字,我感觉情况不妙。

我要求神经外科的专家来会诊,想了解真实的情况。一位老专家在看我的资料时,我问了他一句:"很严重吧?"他神情凝重地点点头。他走后,一股悲情涌上我心头。

　　我不死心地让太太带着我的片子去北京看专家,我耐心地等候消息。她走访了北京的几家著名医院,回来的那天,已经是夜里很晚了,她没有打电话过来,我忍不住打过去询问,她说正在回来的火车上,情况见面后再说。听到她支吾的话语和无力的声音,我有了预感。

　　仍然进不了食,只能吸一点鸡汤喝,牙齿很久不使用,已经嚼不动食物,连鱼肝油丸都咬不开。体质继续弱化,人像薄薄的一张纸,贴在病床上,随时都有被风吹走的可能。后来我查看病历知道,这期间医院又一次下了病危通知。

5

　　身体的病痛之外,最大的疼痛在内心。

　　西安工作的四年,对于工作我问心无愧,无论在新闻报道、经营、报纸发行和总部自身建设上,我都交出了靓丽的答卷。可是对于家庭,我觉得自己欠了债。因为我的倒下,我的家庭搁浅在这客居的大西北。顾虑很多,内心很自责。

　　上小学二年级的儿子,礼拜天来看我,我一见到他就泪流满面,我觉得对不起儿子。

　　最不能接受的是自己成为一个废物的事实。我是一个责任感较重的人,突然间什么都承担不起,变成废物一个,还拖累他人和社会……

有时会想起当记者时的事情，有一年去河西走廊采访，任务完成，坐着八缸越野吉普，沿祁连山麓风驰电掣而下。7月天，祁连山顶依然白雪皑皑，路边的草甸波浪般起伏，草甸上是成群的牛羊，苍鹰在头顶盘旋，耳边是《青藏高原》的歌声……那时候人和心是多么自由！

然而这一切都远去了。

出院回到家里，坐在窗前，看街上人们轻快地骑自行车，看捡垃圾的人背个编织袋，东瞅瞅西看看，那时我羡慕地想，健康的他们是多么幸福！

深圳市社保局和证券时报社安排我去康复，我没有积极性，我对康复没有信心，我恐惧医院的生活。在犹豫了一个月后，2003年3月，我从西安来到了广州从化温泉，在一家康复中心开始了一年的康复生活。

2008年3月

第二部分

站 起

从心站起——我的行走笔记

1 生活上那点事儿

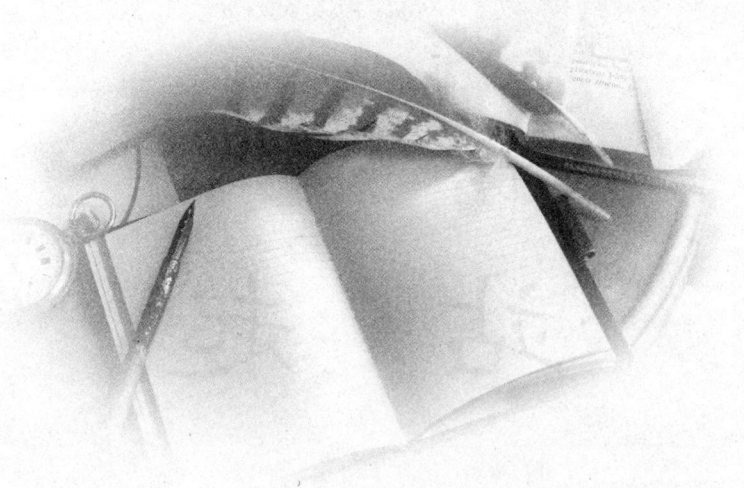

吃 饭

> 后来真的与朋友坐在了桌前，
> 才知道，自己很无能，
> 菜送不进嘴里，汤喝不到口中，茶杯端不起来，
> 完全木偶一个！

最怕与人吃饭了，一双没有功能的手，筷子、勺子抓不住，酒杯拿不起，坐在桌前，感觉呆若木鸡。

受伤之初，躺在病床上，还想着和朋友吃饭，几个好朋友，几道可口的小菜，喝杯小酒，温暖又惬意！后来真的与朋友坐在了桌前，才知道，自己很无能，菜送不进嘴里，汤喝不到口中，茶杯端不起来，完全木偶一个！幸亏太太在身边帮忙。后来看到病友叫人喂饭的形象，很受打击，一个大男子汉，像个婴儿，自己原来也是这副丑相啊？从此不在人前吃饭。

康复中心给制作了一个辅具，戴在手上，利用手臂的功能，可以把食物送进嘴里。但掌控不稳，经常弄脏衣服。用一块餐巾，挂在胸前，方便是方便了，但心里很别扭，这不更像婴儿了吗？后来想通

了,只有在高档酒店吃饭才戴餐巾,我戴餐巾吃饭,是绅士风度啊!

还是离不开人的帮忙,胳膊伸不远,需要人把菜夹到碟子里。与太太形成了默契,抬一下下巴,或是"嗯"一声,她自会明白我的意思。别人看我们,感觉像演双簧,默契,他们哪里知道,我们是长期操练的结果!出门吃饭,有她陪着,就安心。

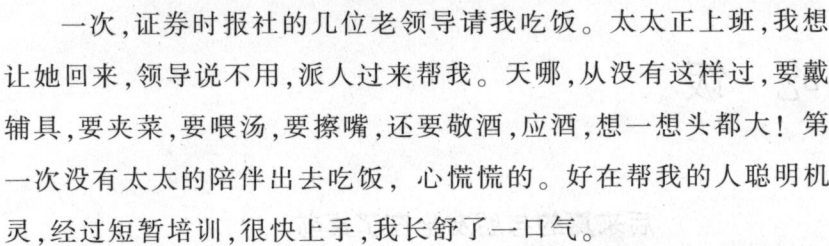

一次,证券时报社的几位老领导请我吃饭。太太正上班,我想让她回来,领导说不用,派人过来帮我。天哪,从没有这样过,要戴辅具,要夹菜,要喂汤,要擦嘴,还要敬酒,应酒,想一想头都大!第一次没有太太的陪伴出去吃饭,心慌慌的。好在帮我的人聪明机灵,经过短暂培训,很快上手,我长舒了一口气。

还有一次,在温泉,广东省社保厅的领导、广东省工伤康复中心的领导,请台湾老师吃饭,要我作陪。因桌位有限,我的陪护去不了。心想,有其他"好人"帮忙也行。不巧,两侧坐了两位也坐轮椅的"坏人",正想要不要调换一下位置,两位台湾"坏人"连连说:"不用了,我们'坏人'帮'坏人'!"对呀,他们的手是好的,可以帮我呀。那天,我是首次在两边没有"好人"的情况下吃饭,两个"坏人"表现不错,细心周到,真不愧为一个战壕里的战友!

吃饭时最怕喝酒,但是,无酒不成宴,饭桌上敬酒应酒天经地义,可是苦煞了我。我是心到手到不了,想敬别人酒,手上不去。别人来敬酒,我的酒杯端不起来,只能看着敬酒的人,自己咧着嘴傻乐,其实心里很沮丧!一顿饭吃下来,吃的什么不知道,感觉紧紧张张的,狼狈不堪。

后来解脱了,手动不了,心也就干脆不动了,无论什么场合,无论什么人,已经习惯了不敬酒,坐在那里,一副心安理得的样子。残疾人嘛,就是这个样子哦!

对吃饭也有了看法。饭局是一种形式,酒来酒往,说些不痛不痒的废话,看似热热闹闹的场面,心里照样孤独。不喜欢这些形式,一堆人吃饭喝酒,不如一两个朋友喝茶,能说真话。

从前也爱热闹,人在江湖,热闹惯了,不热闹反而不习惯。西北酒风盛,那句"宁可让胃喝个洞洞,不能让朋友间的感情裂个缝缝"的西北酒桌话,说明了一切。没有酒胆和酒量,闯荡不了大西北。过去对那些不喝酒的,喝酒不利索的,很瞧不起。"新荣喝酒和为人一样实在!"西北一位局长这样评价我,当时很自豪。

现在明白了,没有什么比健康更重要。当年一仰脖喝一啤酒杯白酒的犯傻举动,永远不会有了,现在滴酒不沾,无论什么酒。早早对儿子说,长大后不要抽烟喝酒。儿子说,不抽烟可以,但想喝酒。我说,爸爸见过的人很多,本事不在酒桌上。

啰里啰唆写到这里,太太说,你这样写,别人就不敢与你吃饭了。我笑道,真的好朋友,啥也挡不住;假的,他不来,我倒开心!

2009 年 11

开 博

四分之三的身体没有知觉,我不怕,
两只手 24 小时剧痛,我也不怕,
怕的是生活像一潭死水,没有一点涟漪,
怕的是自己无价值地赖活着!
……
博客是一扇美丽的窗户,
我坐在窗前,高兴地唱着自由的歌。

    闲呆在家里,思想没有出口,心里憋得难受,经常感到愤懑。

    试着去写字,把笔绑在手上,字写得歪歪扭扭。练习电脑打字,手指像面条,软绵绵的,键盘对它没有反应。找了多种辅具试戴,都不适合我。最后仰天长叹,哎,我成了废物!

    四分之三的身体没有知觉,我不怕,两只手 24 小时剧痛,我也不怕,怕的是生活像一潭死水,没有一点涟漪,怕的是自己无价值地赖活着!

    吃饭,睡觉,看电视,每天三件事。电视从天亮看到半夜,一个栏目挨着一个栏目看。母亲着急，唠叨我，我不言语，要么发一通火，母亲就流眼泪。

能够忍受不能跑不能自行吃喝的现实，忍受不了的是精神上的空虚，灵魂的痛苦是人世间最大的痛苦！

有一天，在深圳市残疾人辅具资源中心，看到一个辅具，戴上一试，很适合我。随着手腕的抬起和自然下落，触头能够敲击键盘打字。我喜出望外！

老单位中州铝厂建厂20周年，约我写稿，已经拖了很久了，无法完成，正准备放弃，这时有了辅具，我赶紧戴上它敲打，但是，身体没有支撑力，胳膊一抬，身子就往前趴。用一只胳膊向后揽住轮椅的推把，另一只用来打字，身子稳当了，可是很吃力，每动一下，要憋一口气。肌力差，手容易酸困，经常瞄的是A，敲出的却是S。需要几个手指共同操作时，只能叫太太和儿子帮忙。

尽管如此，这一根假指头，最终敲出了《芬芳的雪夜》，这一篇文字我很珍视，这是沉默几年之后我的第一篇文章，我的生活从此发生了变化。

2007年7月，在受伤5年后，我开始写作了，愉悦的心情无以言表，对生活又充满了自信。敲出的几篇文章，太太和儿子看后十分惊喜，立刻帮我注册了博客。8月8日，一个我永远记着的好日子，这一天，我有了自己的博客，从此思想有了出口，与外界可以了交流。

完全是一种新生的感觉！心里洋溢着春意，灵感像水泡一样地冒，一篇没有写完，另一篇的题目已经在脑子里了。白天黑夜不停地写，文章挂上博客，我被快乐拥抱。让太太给亲朋好友发信息，告诉他们我开博的消息，敬请大家浏览。

精神处于亢奋之中，天不亮就开始写，很晚才睡；人睡下了，脑子不睡,仍然在梦里写。一段时间之后,身体开始吃不消了,坐上轮椅,气短得上不来。一天,在写一篇文章时,刚写了开头,就坐不住了,想躺倒。我让来度暑假的小外甥帮我,我躺着口述,让他给我敲。幸运的是,就在我身心深深投入的时候,深圳市残联举办一个自立生活训练营,我参加了。20天的训练营生活,我得到了很好的休整,亢奋的情绪平静了下来,身体也恢复了许多。

想一想,沉默了5年,如同死亡了5年,一朝获新生,怎能不激动?一直是一个充满激情的人,大学同学毕业时给我留言道:"你是一团火,到哪里哪里就热烘烘的一片。"我自己也觉得,没有什么困难能够压垮我。但是,受伤以后,我认输了,没有了健康,面对一切我无能为力。在家看电视和养鱼养花,又如何能叫我彭湃的内心平静下来啊?

看电影《立春》时,我被深深触动。在一个偏僻落后的中专学校,一位极具歌剧演唱天赋的女老师,向往着高雅的舞台艺术和美好的爱情,但是最后她的梦想破灭了。在那个刻板僵化的年代,她走不出禁锢,上街卖羊肉去了。爱情也被人愚弄,爱情死去,她领养了一个孩子,独自过起了普通市民的生活。主人公对艺术和爱情的纯情和痴情令我感动,她最后的梦想破灭和无奈令我悲伤。那一天看完影片,我在一个小树林里坐了很久。

与影片中的主人公相比,我幸运得多,经过5年与命运的抗争,我终于挺过来了,迎来了自己内心世界的曙光,我又重新开始了写作。十多年的记者生涯,虽然写了很多文字,但都是易碎品,文字里都没有自我。现在,我可以写我想写的人、想写的事,写自己的事,我是自由的。

今年8月8日,是我开博两周年的日子,那一天我好像有许多话要讲,可是情感融融,最后没有写出只言片语——文字承载不下我当时丰富的感想。

  我希望明年出版我的书。

  我要感谢博客,感谢成就我写作的人。因为博客,我思想有了出口,潜水钟一样沉重的思想,变得像蝴蝶一样轻盈。我与外界有了交流,封闭的心门被打开,我从心站起,开始拥抱新生活。因为写作,我又开始了阅读,面对一位位文学大师,我是一个小学生。

  博客是一扇美丽的窗户,我坐在窗前,高兴地唱着自由的歌。

2009 年 11 月

轮椅走香港

从心站起——我的行走笔记

香港巴士的轮椅位置一侧，
清楚地标有如何固定轮椅的示意图，
旁边还有手抓杆，
有给司机提示下车的信号摁钮，
这些人性化的设计使人很温暖。

一家人在维多利亚海港

一直想去香港看看，十分向往这座近在咫尺的城市。

自从坐上轮椅，就不爱出远门。记得受伤后第一次出远门到广州，在天河中心区，我想过到马路对面，可是沿着街边走了很久，就是找不到轮椅能过去的通道，望着高高的天桥和深深的地下通道,我最后只好打的士绕了一个大圈才过去。

后来去珠海,珠海的人行道路老化严重,走在上面坑坑洼洼,人行道与马路的衔接处,竟然没有斜坡,轮椅翘上翘下,十分麻烦,我上街走了一趟,就不愿再出去,珠海留给我的印象实在不好。

深圳的情况就好得多,作为全国无障碍建设先进城市,深圳的路面平坦,地铁装有供轮椅人士乘坐的垂直电梯,大巴开设有无障碍线路,新的商业文化场所大都做到了无障碍,生活在这个城市,感觉方便,心里也深为它自豪。

很想体验一下香港的无障碍设施。今年,在一个和煦的日子里,我和几位朋友游香港。第一次到香港,印象深刻,香港的山美、水美、城市更美,两天时间,我们去了包括山顶在内的很多地方,乘坐了火车、地铁、轮船、大巴,还坐了缆车,我的轮椅一路畅通,竟然没有因为障碍而退缩,这在包括深圳在内的其他城市是不可想象的。于是,我对这座城市肃然起敬,对大名鼎鼎的港人精神有了切身感受。在我的眼中,香港真是一个美丽的城市!

介绍几件在香港令我很有感触的事情吧。

地铁是香港便捷的交通工具,两天时间里,我们主要交通工具都是地铁,每个地铁站口都安装有升降机(垂直电梯),轮椅进出十分方便。仅有一次,我们要去的那个出口因地面限制没有安装升降机,很快有工人过来用爬楼梯机把我送了上去。令我惊叹的是他们的反应速度,仅仅几分钟时间,人员和设备就到了位!还有一次我们坐轮船,售票员得知我们有轮椅,很快就有人过来带路,船靠岸,有栈桥放下,我很方便地上了船。那个地方我没有看到其他乘客,应该也是专供残疾人使用的通道。

无障碍大巴是城市文明进步的标志,深圳开通了一条无障碍大巴线路,给我们出行提供了便利。但是与香港相比,深圳在服务上的差距很大。

香港的所有大巴都是无障碍，这出乎我意料。他们的服务质量给我印象尤深。去山顶那天，我们在巴士车站等车。车来了，司机没有注意到我，向前多开了几米，车门未能对准我，当他看到我后，又倒车回来让车门正对着我的轮椅。随行的两位朋友正准备抬我上车，司机赶忙劝阻，他下来打开无障碍斜坡道，于是我太太推着我轻松地上了车。我想起深圳的无障碍大巴，虽然配备了无障碍设施，但司乘人员基本不用，他们总叫乘客帮助抬轮椅上车，乘客七手八脚地帮忙，很容易出现危险。由于很少使用，现在深圳大巴的无障碍设施基本上都生了锈。

在香港，司机等我固定好轮椅后，车才启动。行进中，司机发现我们固定轮椅的方法不正确，车停靠下一站时，他过来帮我重新固定，还让站在我旁边保护我的太太找座位坐下，说很安全。我太太将信将疑地坐到了座位上，这是她几年来第一次放手让我乘坐大巴，我也是第一次在身旁没有人扶助的情况下乘坐大巴。那天通往山顶的路虽然十分陡峭，但我坐得十分稳当。沿途欣赏着外面的风景，我们心里很惬意。

香港巴士的轮椅位置一侧，清楚地标有如何固定轮椅的示意图，旁边还有手抓杆，有给司机提示下车的信号摁钮，这些人性化的设计使人感觉很温暖，深圳的无障碍巴士上没有这些。我还发现，我在深圳固定轮椅的方法竟然是错的，而这是乘务员当初教我的，几年来竟然没有人给予纠正。

去年在深圳，我乘车时发生了一个惊险事故。当时乘坐59路巴士，上车后我看到残疾人位置上坐有人，乘务员没有要求他们给我挪让，因为是老人，我也没有要求，将就着把轮椅停在过道上。车速很快，突然一个急刹车，我和轮椅立刻飞了出去，我被过道上的乘客阻挡后摔落在地,所幸无大碍。我向巴士集团投诉,他们很重视,车队队长来了解情况,我提出了一些他们需要改进的地方,比如要使用无障碍设施,乘务员要协助轮椅就位和固定,轮椅固定好后车再起动,车速不能太快,要加大无障碍大巴的宣传让更多的残疾人知晓,等等。后来再乘车,我明显感到了他们服务的改进,但在体验了香港的大巴之后,我才知道深圳服务的差距依然很大。

香港在城市设施的建设中,能够想残疾人所需,细节做得到位。我们去了许多游览点,逛了许多商场,所到之处,从未因障碍而退缩。一次过一条马路,只见一条有阶梯的高架桥横在面前,看不到轮椅能过的道,难道香港也有轮椅的死胡同吗?我询问一位保安,他立即带我进入一栋大楼,乘坐电梯来到楼上,出大厅,眼前正是刚才看到的高架桥。港人在细节上的精心不能不令人叹服!

山顶有通往山下的缆车,轮椅能坐缆车下山吗?我试着去问,回答竟然是可以!在香港的时间,凡是我们去过的建筑物,都有轮椅通道。同行的两位准备一路帮助抬轮椅的朋友,竟然无用武之地!香港还有许多人性化、体贴入微的无障碍设施及服务,像地铁站里客服中心的助听装置、出口处的凸字地图、升降机按钮的触觉点字及语音提示,随处可见的触觉引路带和下斜路边石、残疾人士专用洗手间等。醒目的国际畅通易达标志(轮椅标志)、各种无障碍设施,在香港随处可见,这就是香港!

深圳近年新建的文化商业场所,在建设中都考虑了残疾人的需要,无障碍设施十分完善,比如中心书城、音乐厅、图书馆、中心城等,我都特意去体验过,轮椅行走十分方便。但是,较早前的一些场馆却充满了"拦路虎",我常去的关山月美术馆、深圳博物馆、深圳画院、深圳大剧院、深圳群艺馆、深圳会堂等场所,轮椅总遇到麻烦,我们只好经常请人帮忙抬轮椅。其实修个小坡道稍作改造仅是个很小的工程,可是几年过去了,虽然我也多次建议过,虽然残联也在这些地方举办过活动有切身体验,但障碍状况依然。

我想起深圳的地铁1号线,有些站点就没有安装垂直电梯,也没有配备其他替代工具,轮椅到了出站口,却无法上到地面。凡是装有垂梯的站点,两个出口只配了一个垂梯,轮椅来到地面,却过不到马路对面,因为整个深南路是全封闭的,联通两边的天桥和地下通道,轮椅都无法通过。望着近在咫尺的对面,我们感慨万千。感受到香港地铁的便利之后,再看深圳正大规模建设的地铁,我非常高兴,但也深深担心,担心我们正在建设的地铁又变成1号线,让轮椅人士空欢喜一场。

最近听说,深圳市准备年内为建设无障碍环境立法,这真是一件大好事。残疾人要走出家门,需要社会创造一个让他们走出去的环境,我希望我们的城市也像我到过的美国、香港一样,到处能看到残疾人的身影,如果这样,我们的城市才是真正的文明。

香港朋友告诉我,香港有两万多栋楼,他们计划用3年时间对其无障碍情况进行挨个检查,这项工作今年已经开始。他们说,重视无障碍环境建设,造福的不仅仅是残疾人,也是给每个市民谋福祉,因为每个人都会生病、都会衰老、都可能发生意外,我们的太太、女儿都有怀孕的时候,人人都有可能坐上轮椅,我们的baby要坐婴儿车,所以做好无障碍环境建设,是全社会共同的事情。

听他一席谈,我很受感动,这种理念真是需要社会普遍的理解和认同,这是社会文明程度进步的表现。现在,深圳提出了追赶香港、新加坡、首尔的目标,我希望深圳在尊重、关爱残疾人方面、在城市的无障碍设施建设方面,向世界先进水平看齐,为全国做出一个好榜样。

我期待着!

2008年7月

2 我爱花草虫鱼

第二部分 站起

瓷　韵

从心站起——我的行走笔记

半夜醒来，淅淅沥沥的雨声中，
听到瓶子发出清脆的开片声，"咔"，又是"咔"的一声。
钧瓷是活的！
我的心一阵狂跳，全没了睡意，屏住呼吸等着听下一声。
大概因为新烧制的缘故吧，那晚两只瓶子响声不断。

康复治疗结束，回到深圳的家里，每天无所事事，感觉日子过得很空虚。附近有景德镇瓷器展销，便一趟趟地去逛，知道了什么是青花，什么是粉彩，什么是五彩和单色釉，也明白了瓷器制作工艺十分复杂，对瓷器从此肃然起敬。

原来就喜爱瓷器，现在有了闲时间，便频繁地去看。有喜欢的就买回来，摆上窗台，房间感觉突然有了亮色，每天坐着轮椅在窗台前看瓷器，能看半天。

上网了解瓷器的知识，外出参观瓷器展，逛瓷器商店，对瓷器的兴趣浓起来，感觉每天总有快乐的事情吸引着自己。深圳文博会，有许多瓷器展销，一连去看了几天，在展位前徜徉，买来了浙江的龙泉青瓷，开封的官窑瓷器，还有其他一些品种。后来，西安同事送来了耀州瓷，焦作同学带来了绞胎瓷，很快，我的大窗台上瓷器落落大满，中国名窑几乎齐全，我也精神焕发，感觉日子有了许多滋味。

但真正了解瓷器，是从喜欢上钧瓷开始的。

有同学了解到我喜爱瓷器，把自家收藏的钧瓷的照片发给我欣赏，美轮美奂的钧瓷令我大开眼界。我曾经对钧瓷的印象不好。上大学时，见洛阳龙门附近的店铺门口摆满了钧瓷，低档、粗糙、廉价是钧瓷给我的印象。同学家的收藏使我对钧瓷有了新认识，有强烈接触钧瓷的冲动。

在第二年的文博会上，我特别留意钧瓷，恰好河南省禹州市钧瓷研究所有展位，我在他们展架前徘徊，最后买下了河南省陶瓷艺术大师、钧瓷研究所所长张经纬的广口如意瓶，另外还有一件是河南省政府赠送香港政府的回归瓶的复制缩小品。

我把两件瓷器放在我床边的窗台上。半夜醒来，淅淅沥沥的雨声中，听到瓶子发出清脆的开片声，"咔"，又是"咔"的一声。钧瓷是活的！我的心一阵狂跳，全没了睡意，屏住呼吸等着听下一声。大概因为新烧制的缘故吧，那晚两只瓶子响声不断，我也彻夜未眠。天一亮，我抑制不住兴奋，告知太太和儿子我的发现，他们屏息聆听，竟也听到了这美妙的声音！

我一下子迷恋上了钧瓷，立刻又去买下另外一只凤瓶！

三件钧瓷，我把它们当宝贝，我到哪个房间，就把它们带到哪个房间，我欣赏它们，听它们的声音，用脸颊感受它们温润如玉的釉面，用心与它们对话，快乐在我心中流淌。

我开始痴迷地研究起钧瓷，搜集的钧瓷图册就有一尺厚，我谈起钧瓷来也头头是道了。

钧瓷产于河南省禹州地区,创于唐,兴盛于宋,曾被定为御用瓷,居宋代五大名窑之首。它的胎釉温润如玉,冰裂纹是其特色,入窑一色出窑万彩,窑变丰富,色泽无双,钧瓷无对,民间因此有"家有万贯,不如钧瓷一件"的说法。

对钧瓷的真正理解,是从认识河南省陶瓷工艺大师冀德强开始的。

冀德强是河南禹州市钧瓷研究所副所长,他曾跟随中国美协陶瓷委员会主任韩美林学习陶瓷制作,其堆雕和手拉坯技术在钧瓷界是一绝。我希望收藏他的钧瓷作品。我从冀所长给我发来的一组作品照片中,看中了两件,他亲自到大巴车站给我托运了过来。

打开包装箱的那一刻,我眼睛一亮,它们远比照片上漂亮。一只是钵,钵壁上爬着一只可爱的蜗牛,细致的鱼子纹布满钵体,构思巧妙,烧制精美。另一只是龙耳瓶,器型线条流畅,窑变丰富,釉质丰厚,韵味十足。两件作品均为手拉坯作品,独一无二。

冀所长得知我喜欢后,很高兴,不久,他在香港举办完个人艺术展后来我家看我。在翻阅他展览的画册时,我又喜欢上了两件瓷器,冀所长费了周折把东西留给了我。

包装盒打开的一刹那,我眼睛一亮,惊呼漂亮!

两件都是玫瑰红,钧瓷里面的珍贵色,色泽艳丽,窑变丰富,流釉如行云流水,釉色丰厚,令人爱不释手。古朴的双系罐,只觉一股古风扑面而来,令人沉醉,令人窒息。石榴和芝麻造型的《秋获》,寓意美好,给人向上的感觉,该作品的另一件获得2003年中国国际民间艺术博览会金奖。两件作品属钧瓷里的珍品,完美无瑕,冀所长说他很满意这两件陶瓷。

有了心怡的瓷器,我立即到家具市场买来了一个鸡翅木的博古架,瓷器摆上去的那一刻,它们的美妙和韵味全展现出来了。

肃静的青花,绚丽的粉彩,高贵的官窑,玉感的龙泉青瓷和耀州青瓷,罕有的绞胎瓷,窑变丰富的钧瓷……它们在博古架上显得迷人、高贵。

面对满架精美的陶瓷,我心情十分愉悦,对它们充满敬意。

陶瓷制作工艺复杂,制坯、修坯、配釉、挂釉、烧制……几十个环节,任何一个环节出了瑕疵就前功尽弃,陶瓷珍品是艺术家心血和炉火完美结合的结晶。我想起,我曾经请冀所长给我烧制一把执壶,可在一年的时间里他多次烧制均告失败。为准备香港展出的作品,酷暑天我打电话过去,他太太说他在窑场,严寒天我打电话给他,他说正在拉坯……用了一年多的时间,加上原来的积累,他才拿出了40件作品,于是我明白了,瓷器是有生命的,是艺术家心血的结晶啊!记得冀所长两次来我家,一进门反复观看他已经出手的东西,换着角度给它们拍照,像见到了自己的孩子!

冀所长说,如何突破传统,突破自己,是陶瓷艺术家最大的苦闷。他说去年去了一趟大西北,作品风格有了变化,他感慨艺无止境,说面前永远有一座珠穆朗玛峰。

陶瓷是有生命的,也是有温度的,再看我博古架上那一件件精美的陶瓷,它们在我眼里越发鲜活。

2008 年 3 月

从心站起——我的行走笔记

我的兰花开了

上午 10 点钟,兰香最浓郁,满屋的香气,若隐若现。
香气会跑到室外,
邻居出了电梯,会很奇怪地嗅嗅鼻子,这是什么啊?
再嗅嗅,又没有了。
我会偷笑,是我家的兰香,你是抓不到的!

窗台上,阳光下,我新买的兰花开了!

长长嫩嫩的枝头上,两颗饱满的花蕾咧开了嘴儿,绿色的花瓣,忍不住要去想象花蕊的模样。盆中还有新芽冒出,竟然有好几个!又是一盆不错的兰花。

对于兰花,我过去总不在意它,认为它只生活在文人墨客的世界里。它那么不起眼,植株矮小,色彩不艳丽,我想,它是因为文人墨客的移情才风光的吧!

去年春节逛花市,在一个摊档前,摊主对兰花的赞美打动了我,我端了一盆回家。摆放在众多的花卉中,这盆花与众不同,修长优雅的叶子镶着金边,高洁的气质,使我顿时喜欢上了它。

心里当机决定,再买两盆回来!循着留下的电话号码,我打过去,听到我的喜欢,摊主很高兴,竟然从很远的观澜兰园过来,带了几盆兰花来供我选购。他原来是文化人,现在痴迷兰花,怪不得听到我对兰花的喜欢,会有如此不经济的行动。

一天,一盆金荷兰花发了花芽,几天工夫,花芽就长成了长长的花枝。紫色的花枝上,米粒般大小的花蕾结了一串串。渐渐地,花蕾饱满起来,如花生米一般,让人看着喜欢。花苞陆续绽放,自下而上,如一朵朵盛开的荷花。看着枝头累累花朵,我心旷神怡。更叫我惊奇的是它的香气,淡雅、深厚、悠长,是幽香,就像山谷里若隐若现、寻而不见的那一股香。听说过兰香之妙,没料到它香得如此之雅,难怪孔夫子称兰香为"王者之香",难怪千百年来,兰花一直生动在文人墨客的世界里。

上午10点钟,兰香最浓郁,满屋的香气,若隐若现。香气会跑到室外,邻居出了电梯,会很奇怪地嗅嗅鼻子,这是什么啊?再嗅嗅,又没有了。我会偷笑,是我家的兰香,你是抓不到的!兰花花期长,从出穗到谢花,长达一个月,也香飘一个月。

兰花的另一妙处是繁殖快。春天,兰花发新苗,嫩绿的新苗从盆中钻出,养兰人就生出一种成就感。叫我高兴的是,经过发芽分盆,我的金荷由一盆变成了两盆,它们一年数次开花,幽香沁人心脾,我因兰花神清气爽。

多么可爱的花儿啊!我纳闷,过去自己怎么没有注意到它呢?

我想到了人间的友情,珍贵的友谊不也像兰花一样,虽不绚丽,却淡雅、深厚、绵长。

我爱兰花。今年去逛花市,我只买兰花,我希望兰香一直陪伴我。

2008年2月

从心站起——我的行走笔记

我养兰寿

吃饱后的兰寿，雍容富态，
像个美妇人，优雅无比。
有的还惬意地把圆滚滚的肚皮翻过来，
在水面上漂。

过去，我很看不上养金鱼这种爱好，感觉太小儿科。两年前，父亲养了一缸狮子头，他回老家时，让我儿子管鱼，儿子养死了几条，我去鱼市补鱼，结果把我的鱼瘾补了出来。

我养的鱼叫兰寿，是金鱼里面的名贵品种。兰寿产自中国的福建，也叫国寿，还有日寿和泰寿，也是由国寿培育而成。

兰寿身材短小粗胖，头部肉瘤发达，眼睛深陷其中，脸面俊秀。它各鳍短小，腹部丰满，尾柄处曲线突然下降，宛如弓着背，游动起来尾柄左右摇摆，憨态可掬。

看见兰寿的第一眼，我就决定养它了。我养了两年兰寿，收获了许多乐趣，也收获了许多经验教训。

小兰寿在成长过程中，淘汰率很高，头重尾轻的，尾巴与体轴角度不适的,背部凹凸不平的,色彩杂乱的,这些都要被淘汰。长到十多公分的兰寿才具有观赏性,它们都是竞争中的佼佼者,自然名贵。

精品的兰寿体形好,游姿稳健,色彩独特,价格要上千元一尾。在深圳的鱼店,十五六公分的普通兰寿,几百元一条。我初学养鱼,买较普通一点的鱼。我还找到了通过网络买鱼的方法。我在网上搜索到福州一家鱼场,对方发鱼的照片到我邮箱,我看中了,汇钱给他们,他们就用大巴托运鱼到深圳,我去提货。鱼在充了氧、加有泡沫箱的塑料袋里,24小时内很安全,这样买到的鱼,能比市场上便宜一半。

广州芳村鱼市,是全国最大的鱼市。我联系到那里的一家鱼店,让对方按我的要求选好鱼,打好包,我托比较相熟的深圳鱼店,请他们在进货时帮我带回,我付一些费用给他们。这样买到的鱼,质量往往不能保证,因为店家不会挑最好的鱼给我。所以算算细账,还不如从深圳鱼店里去买鱼,但对于我,买鱼的过程就是一个享受乐趣的过程,虽然费周折,我挺高兴。

鱼入缸前要先杀菌。开始我不懂这些,把买来的鱼直接扔进缸里,结果几天工夫一缸鱼全死了。鱼多次转运后,身上有很多病菌,会感染其他鱼。杀菌的方法是,找一周转箱加水,浸泡装鱼的塑料袋一小时,使袋内外水温一致,用高锰酸钾稀释溶液泡鱼一分钟,把鱼放进周转箱观察一周,箱内切记要加重盐、供氧。期间如果鱼活泼且觅食积极,说明它很健康,一周后可以转入大缸饲养。

养鱼先养水。水要清澈,氧要足,给鱼缸加过滤器和增氧棒十分重要。鱼很容易生病,鱼生病的季节往往是昼夜温差大的春秋时节,通常鱼身上出现血丝或者溃疡,有的腮部有炎症。治疗的办法是,给鱼缸勤换水,大剂量加盐,如此处理,几天后就会好转,效果如果不理想,可在水里加一种叫黄粉的消炎药,疗效很好。对溃疡严重的部分,可每天用红药水涂抹两次。总之,鱼和人一样,生病都会有先兆,平时只要细心观察,及时发现问题及时处理,就不会出现死鱼的问题。

我的鱼很幸福。鱼儿在我精心伺候下,不但极少死亡,而且过得很滋润。

养鱼的乐趣在于赏鱼。兰寿头大背宽,游姿优美,另外它花色丰富,观赏性很强。我利用家中宽大的窗台,做了一个两米多长的玻璃大缸,配上强大的过滤器,再建立起生化系统,给鱼创造了一个十分舒适的优美环境。窗台在阳面,正好满足了金鱼喜爱阳光的特性。

赏鱼最好的时候是给鱼喂食的时候。每天早、中、晚三餐,鱼儿看到我来到缸前,就蜂拥过来,摇头摆尾显出极欢快的样子。撒食进去,它们各个像小猪似的冲上来狂吃,发出"吭哧、吭哧"的声响,十分悦耳。吃饱后的兰寿,雍容富态,像个美妇人,优雅无比。有的还惬意地把圆滚滚的肚皮翻过来,在水面上漂。

看着它们在清澈的水中活泼的样子,我更惬意。我每天都要花很多时间坐在缸前,一边听音乐,一边赏鱼,心情轻松而愉悦。去年,同学老莫来家里,在缸前一站半天,末了说,等明年他的房子装修完,他也要养一缸鱼。

喂鱼有讲究,一次不能喂太多,以5分钟吃完为准,一顿喂多了,鱼就会胀死。一次,我家人在喂鱼时不小心喂多了,仅半天工夫,我4条漂亮的大兰寿一命呜呼了,令我心痛不已。金鱼的食物较杂,我用好的金鱼颗粒饲料和冰冻红虫搭配喂,鱼食后增肥快,色彩艳丽。

令我遗憾的是,我没有繁育出小兰寿。一次,我发现两只鱼在追星(互相追逐),据我掌握的知识,这是鱼儿发情即将繁殖的表现。我赶紧剥了一些棕榈树皮,撕成网状,清洗干净,给它们制作了一个温馨的产房。给鱼儿的小家充上氧,我期待着它们产子孵化出小宝宝,可是它们让我很失望。后来看电视才知道,兰寿等金鱼繁殖需要人工配合,要挤出雌鱼的卵子和雄鱼的精子使它们结合,几天时间,受精卵就会孵化出小鱼来。

  想起小时候,在兰州姨夫家的院子里,我看到过一缸金鱼,当时缸中的睡莲花和金鱼,给我留下了难忘的印象。工作以后,一直忙碌,再看那些痴迷养鱼的人,就很觉无聊。可是现在,我一下子喜欢上了这些小生命,它们给我带来了无限的乐趣。

2007 年 11 月

我救活了一条金鱼

吃饱后的兰寿,雍容富态,
像个美妇人,优雅无比。
有的还惬意地把圆滚滚的肚皮翻过来,
在水面上漂。

整个上午,我坐在鱼盆前观察它。
鱼儿越来越活泼,我扔几颗鱼食进去,
它竟然吃下了一粒——能吃就是康复的表现啊!
"我的鱼活过来了!"我大喊一声。
星期天去逛花卉市场,买了一条漂亮的五花兰寿金鱼。
这条鱼花色艳丽,尾巴形状好,敞得开,身体虽然圆滚滚的,但在水里十分活跃,在一缸鱼中我一眼看上了它,当即决定带它回家。
在家里,找了一个盆临时做周转盆,给里面加水充氧,用高锰酸钾稀释溶液把鱼消毒,然后放进周转盆里观察。本应该把装鱼的塑料袋在水里泡一泡,让鱼适应一下水温,但转念一想,都是深圳的水,温差应该不会太大,于是省去了一个环节,把鱼消毒后直接放进了周转盆内。看着鱼儿进入水里活泼的样子,我心想,观察三天后开始喂食,第七天如果没有问题,就转入大缸饲养。

第二天晨起,先去看鱼,愣住了,活泼的鱼儿怎么不见了?只见我的宝贝鱼变成了一条僵鱼,漂浮在水中,腮还在微微翕动。大事不好,我赶紧对它实施紧急抢救,先给水里多加盐以杀菌,然后继续观察,可是一上午过去了,鱼儿不见有起色。根据经验我判断,这条兰寿的命可能长不了!本来我是打算出门去玩耍的,可是看到此情此景,心里很沉重。哎,多么可爱的一条生命啊,可惜它就要消失了!

没有心情出门,独自坐在鱼盆前,看着奄奄一息的鱼儿,心里细细分析它生病的原因。是在高锰酸钾溶液里中毒了吗?还是因为水的温差导致鱼儿感冒了……想来想去,觉得问题应该出在水温上,鱼儿可能感冒了!我马上把感冒药碾碎洒进水盆,又找出专用鱼药黄粉加进了水中。一盆黄水中,鱼儿仍然无力地漂浮着,我在一旁默默为它祈祷,希望鱼儿能够活过来,希望明天它游动起来。

半夜,我又两次起来去看鱼,它还活着。

晨起又先去看鱼,竟然还活着,令我没有料到的是,它竟然摇着尾巴游动了起来,我的鱼儿终于挺过来了!我兴奋极了。

整个上午,我坐在鱼盆前观察它。鱼儿越来越活泼,我扔几颗鱼食进去,它竟然吃下了一粒——能吃就是康复的表现啊!

"我的鱼活过来了!"我大喊一声。家人围过来看,在众目睽睽下,鱼儿把剩下的几粒鱼食也吞了下去。下午,我在房间里能听到鱼儿拍打水花的声音了,再投食下去,它竟然从水底冲上来,生猛地一顿狂吃,还发出很大的声响。

我心花怒放,我救活了一条鱼!

2008 年 3 月

山坑螺

从心站起——我的行走笔记

我手功能不行,用不了牙签,

饭馆老板娘告诉我,吃螺根本用不着牙签,先吸螺小的一头,再吸大头,肉就很容易出了。

我照她的方法一试,效果果然好。

温泉的山水好,窗外就是山和水,山很近,山中鸟啼声不绝于耳,尤其是早晨四五点钟,鸟的聒噪声准时每天把我吵醒。山与楼之间有一条河,二三十米宽吧,河在山下,也是在楼下。晚上,河边草丛中的蛐蛐声和蛙鸣声响成一片。

旧地重游,心情激动,山水感觉十分亲切。早晨早早起来,开上电动轮椅沿着河边猛跑。温泉的路好,除了节假日,平时路上的人特少,淡淡的阳光给山野的薄雾镀上了金色。路边的野花很多,鸟儿叽叽喳喳在枝头啼鸣,满眼都是荔枝树和龙眼树,它们米黄色的花儿已经开始耀人的眼了。

春天的温泉生机勃勃!

但毕竟是住院,新鲜感过去,寂寞感袭来,不会说话的山水和陌生的病友，使人有孤独感。

逐渐病友们相熟了，晚上便经常相约去吃宵夜。喜欢去一家叫"浪记"的露天大排档，点几个小菜，喝一点啤酒，是病友心目中的美好生活。有一道菜叫爆炒山坑螺，大家每次必点。黑色的螺，形状呈圆锥形，如小手指般大小，为粤北山野所特有，当地人喜欢吃，游客到温泉吃饭也少不了它。我手功能不行，用不了牙签，把螺放进嘴里象征性地嘬一下，然后吐掉，总是吸不出肉来。饭馆老板娘告诉我，吃螺根本用不着牙签，先吸螺小的一头，再吸大头，肉就很容易出了。我照她的方法一试，效果果然好，从此便喜欢上了山坑螺，而且上了瘾。

据说螺用淘米水养几天，肉会很鲜甜。用热油加姜葱蒜青辣椒爆炒，再放一点朝天椒进去，味道更足。紫苏是一定要加的，广东人做鸡做鸭都使用紫苏，它去腥，炒出的螺别有风味。

病友宵夜完全是为了消遣。周末的晚上，天一黑，一队轮椅便浩浩荡荡向大排档进发。菜不多，但一定要有山坑螺，要有酒。平时坐在轮椅上乐趣少，情绪总比能跑的人低几度，喝酒容易使人兴奋，这是酒的对于我们的魅力。我不喝酒，只吃螺，看他们喝酒，听他们说酒话，乐呵呵地奉陪到底。经常，所有的人都喝多了，清醒的我先跑回康复中心，叫来值班护士和保安接他们，看着他们一路喊着叫着唱着，我心里也很开心。宵夜的最大收获是，病友阿聪和阿芳竟然在餐桌上碰撞出了火花，他们恋爱啦！

温泉地方不大，角角落落我跑遍了。经常晚饭后下了楼，不知道往哪里去。于是就习惯性地来到"浪记"，打包一份山坑螺回来，约上一两个病友，一起嘬。有时是一人，坐在房间里一颗一颗地嘬，嘬完最后一颗，时间往往已经很晚，吸溜着辣得红红的嘴唇，洗漱完睡觉去。很长一段时间，我每周都有两个晚上是这样度过的。

有一天，出院的阿聪来看阿芳，我去看他们，他们正在房间嗑山坑螺呢。阿聪是自己坐着轮椅换乘两次大巴从百里外来看阿芳的，这样的约会，味道不亚于吃山坑螺吧？

有一次太太来看我，我请她吃了山坑螺。她再来的时候，晚上果然又推着我来到"浪记"，一盘加了朝天椒的山坑螺，两个人嗑完最后一颗，吸溜着嘴慢慢走回康复中心。

2009 年 12 月

读 画

> 方济众的一幅山水小品,不足一平尺大,
> 但画面上有绵延的大山,有滔滔的河水,
> 有悠悠的白云,有火红的秋叶,还有船上劳作的人。
> 透过这扇窗户,我嗅到了外面大自然的气息。

几年前,在深圳的一家画廊,我坐着轮椅看画,是岭南画家高奇峰的《孤鸟图》,一只小鸟,孤独地栖息在树枝上,忧郁的眼神在想什么,凄美的意境叫我凝视良久,那种美,我懂,我相信,很多人不懂。后来再去看它,画没有了,我怅然若失。

那只孤独的小鸟住进了我心里。

有些东西不是人人都懂的,有些东西也不是自己一直都懂的,那只小鸟,我懂,见它的第一眼,就共鸣了。手不能翻书,眼睛可以读画呀,从此,我重新走进美术馆,也喜欢上了这个美术馆和画展很多的城市。

在西安工作时,星期天,喜欢领着儿子到画廊看画。西安的画廊,集中在城墙下的书院门和箱子庙街,在这里,我知道了石鲁、何

海霞、赵望云、方济众、王子武等长安画派的大师。那时候工作紧张，到画廊看画使精神放松、心情愉快，成为我休闲的方式。后来接触了一些书画圈里的人，有画家，有藏家，有画廊老板，和他们一起看画聊画到半夜，很快乐，回到家里梦中又都是画！

受伤住院的时候，正是冬季，窗外寒风凛冽，我不能动弹，躺在病床上天天看天花板，这时候脑子里就想画。让家人拿来一幅画放在床头，歪着脑袋看，是方济众的一幅山水小品，不足一平尺大，但画面上有绵延的大山，有滔滔的河水，有悠悠的白云，有火红的秋叶，还有船上劳作的人。透过这扇窗户，我嗅到了外面大自然的气息，久违的新鲜感让我激动，一直缩紧的心像花儿一样开放，我有了憧憬，在病房里开始神游四方。

生活中有艺术，感觉真好！

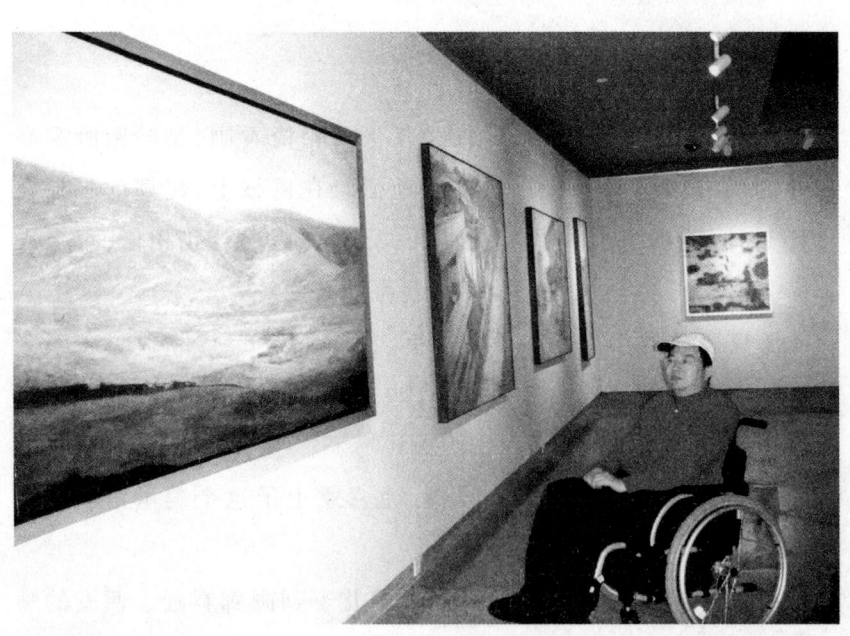

参观美展

当我从死神手中挣脱出来,回到家里,最触动我的就是墙上的画。第一眼看到它们,心情激动,躺在担架上喃喃地说,我终于回家啦!轮椅坐不稳,就迫不及待地来到客厅看画,在画前坐了很久,感受着艺术,呼吸着熟悉的家的味道,我很动容。

后来回到深圳,最初的那段日子,面对眼前繁华热闹的场景,没有自己喜欢的东西,路过商场,眼睛都不愿意瞟一眼。自从那次在画廊与那只小鸟遭遇,我观看美展的兴趣大增,开始频繁出入深圳的美术馆和画廊。读画的美好感觉使我迷恋:如与恋人约会一般的心情走在去看画展的路上,刚进入展厅时的期盼和激动,坐在画前心甘情愿地被它俘虏的感觉,读画时如舞蹈般活跃的思维,面对喜欢的艺术品那口深呼吸,临别时留恋地回望,走出展馆心头涌上的那种轻松和快乐……

美展带给我许多,看完一个高水平的展览,如同享受了一道精美的大餐。大餐满足一时的口福,画展却带给我许久的愉悦。在观看中我的欣赏水平也在提高,后来眼睛往画廊里一扫,它的档次心里就清楚了。能一眼发现拍卖会上的精品。经常通过网络关注书画市场行情,有一段时间竟然能估出现当代大部分著名画家作品的价位!

喜欢潘天寿的花鸟,他的画有灵魂。他笔下的鹰、八哥、猫,静卧在荒山乱石和幽草闲花间,像人一样有性格有感情。有一年在拍卖预展上见到一幅禽鸟图,竟一连去看了几趟,一次次从的士上被搬上搬下,不辞劳苦。潘天寿的笔墨苍古老辣,他的每一幅画,感觉都是沉甸甸的分量,和他的人一样,令我敬重。

原来不喜欢黄宾虹,从印刷品上看到他的黑、密、厚、重的画风,感觉就是脏乱差。后来参观"黄宾虹作品展",第一次看到真迹,顿时被震撼,浓郁的中国传统文化气息弥漫画卷,画面意境深远,叹为观止。那天我在他的画前流连忘返,久久不愿离去。黄宾虹作品价格近年大幅飙升,看完以后我明白了他被追捧的原因。

"画不出奇画到死,不负此生了此生。"这是王子武在四十岁自画像上的题诗,雄心壮志由此可见。他的花鸟画名气很大,但他的人物画格调更高,他画出了人物的精神世界,他的《曹雪芹》《杜甫》《沈括》《齐白石》《黄宾虹》等等,叫人过目不忘。他的人物画就像是人物小说,形象栩栩如生,他是在用心画画。他绘制的《齐白石》和《黄宾虹》,是两位大师留在人间最好的画像。

好久没有写文章了,始终冲动不起来,于是很苦闷。深圳博物馆举办齐白石画展,欣然前往,一百多幅的画作,完整地展示了白石老人不同时期的风格。一路看来,他晚年的画作笔墨酣畅淋漓,潇洒率真,花鸟草虫生机盎然,生活的美好气息如春风拂面,我心中的快乐和激情被激发,生机勃勃的白石老人,带给我向上的感觉。那天,我高兴地把这种感觉带回了家。

深圳女画家琴湾,用油彩绘制了许多女性形象,她画笔下的人物宁静祥和,显示出她们内心的安静和淡定,也体现了画家自己的审美追求。看完她的画展我很激动,在一个浮躁和物化消费的繁华城市,画家安静地沉浸在自己的世界里,潜心于艺术,创造出了美。美感动了我,也鼓舞了我,看完画展,我知道自己应该做什么了。

2009 年 11 月

像樱花一样灿烂

> 经历了漫长而寒冷冬季,
> 人类渴望春天,这时樱花来了,
> 它的热烈和烂漫,
> 一下子把人们从寒冷、沉闷、单调的冬季拉出来,
> 是从心底拉出来。

　　樱花原产于中国,盛于日本。我还在西安时,城墙下的环城公园,种了许多樱花,每年春天,粉红色的樱花儿灿烂地开放,又很快地凋谢。那时我不明白,为什么日本人偏爱这种短命的花呢?
　　一年春天途经日本,飞机降落时,地面大片大片粉红的樱花给我留下了深刻的印象。
　　今年春节后,首届广州樱花节开幕,广州的同学邀我去赏樱花。在一个和煦的春日,我们一家来到广州。
　　为期一个月的樱花节只剩一周时间了。还能看到樱花吗?我不免担心。
　　樱花节在广州雕塑公园举行,未进公园,熙熙攘攘的赏花人已

叫我感受到了樱花节的热烈气氛。公园里，满眼是烂漫的花，满眼是欢乐的人。盛开的樱花如灿烂的云霞，耀得我睁不开眼睛。习惯了冬天的单调，眼前的情景竟叫我适应不过来。来到一树樱花前，第一次近距离观赏樱花，花团锦簇，花朵稠密，花瓣层层叠叠张扬地开放，给人极其热烈的感觉。面对此景，心也像花儿般开放，喜悦从心底油然升起。

抬眼看四周，山坡上，小路旁，淡红、深红、雪白的樱花一片片，花色如此丰富，令我大开眼界。赏花人，无论老人、青年还是孩子，个个眼角流淌着笑，那一刻，我懂得了樱花之美。

经历了漫长而寒冷的冬季，人类渴望春天，这时樱花来了，它的热烈和烂漫，一下子把人们从寒冷、沉闷、单调的冬季拉出来，是从心底拉出来。在料峭春寒里，面对火热的樱花，人们禁不住眼睛一亮，希望和热情油然在心头升起，这是多么可爱的花啊！

樱花是春天的使者，樱花是希望的化身！

试想想吧，每年三四月，樱花从日本岛的南端开始盛开，粉红的云从南向北，飘过日本岛，一路渲染，随着樱花季节的到来，人们脱去厚厚的冬装，走出家门，舒展筋骨，呼吸清新的空气，在春意盎然的樱花丛中饮酒作乐，感受自然界的欣欣向荣，这是何等惬意的事情啊！

樱花有早、中、晚的三大类品种，虽然一朵樱花的寿命只有7天，一树花期只有15天，但不同品种的花次第开放，樱花时节就能持续一个多月。

樱花花期虽然短暂，但樱花性格热烈，它轰轰烈烈地来，走得也很坚决，往往一场春雨，满树的繁花儿顿时不见了踪影。日本人崇尚这种樱花精神，人生苦短，活着就要像樱花一样灿烂。

2008年3月

音乐厅里见博友

> 不快乐的时候就去看看音乐人的博客吧,
> 用心感受艺术的生活和生活中的艺术,
> 生活其实很简单,
> 简单就是快乐。

去欣赏几位音乐圈博友参加演出的交响音乐会,是我向往已久的。

早早吃过晚饭,穿上鲜艳的T恤,让太太推着,冲进了灯火阑珊的夜色中。

这几位博友,都是深圳交响乐团的演奏家,与她们相识,非常偶然。去年末,我无意间走进"沙漠玫瑰"的博客,她是深圳交响乐团的长笛手,在她的博客里,有关音乐、绘画、摄影、建筑的信息弥漫空间,艺术的气息使我沉迷。走出她的博客,我长吸一口气,感觉空气中都弥散着清新和雅致,这种纯粹而美好的艺术感觉,使我十分愉悦。

近年我对许多的艺术形式都很有兴趣,尤其痴迷音乐,买来了一套音响和许多的唱片,每天都在听。有人说听音乐是最好的疗伤方式,我很信服。

　　家附近是大名鼎鼎的深圳艺术学校,它培养了李云迪、陈莎这样世界著名的钢琴艺术家。散步时总路过艺校,常有美妙的琴声从琴房飘出,我会停下来,在夜色中沉醉地听一会儿,感觉很惬意。哎,小时候要是学一点音乐知识该多好啊,或者现在有一双好手能学一门乐器也好啊,干脆自己去参加一个音乐知识学习班吧!经常会产生这样的想法。

　　曾经很想让儿子学习乐器,可他总没有热情,一次还对我说:"老爸,我是俗人,那些雅的东西咱还是免了吧!"想想算了吧,孩子积极性不高,爹妈又是音盲,即使学习了估计也修不成正果,但我总感到有点遗憾。

在深圳大剧院的音乐厅与三位演奏家合影

在沙漠玫瑰的博客里,我找到了我想要的感觉。那里,我呼吸到了浓郁的音乐味道。徜徉在她的花园里,和她一起回顾在国外学习音乐的生活,听她评价一些乐曲,感受她们紧张繁忙的演出生活,我很是享受。也喜欢她音乐一样的文字,大概受音乐的影响吧,她的文字轻柔飘渺,淡淡的,很飘逸的感觉,也像音乐。有时从她博客里走出来,总感觉自己的文字不够优美,心里颇感怅然。

在沙漠玫瑰的花园里,我又认识了"衣服的角角"和"abuding77928",她们是交响乐团的小提琴手。

衣服的角角是个爽快的东北人,热情、欢乐、快人快语。在她的博客里,她把自己的生活写得十分生动,琐屑的小事在她笔下活灵活现,读来亲切、愉悦。看她的博客,会喜欢上她的性格,心会不由得跟着她一起走。今年春节她回家过年,从准备走到归来,她把一路的见闻图文并茂地挂到博客上,内容丰富多彩,使没有出门的我,也随她到东北过了一个年味浓郁而热闹的大年。我在写给她的留言上说:"你可是具有新闻记者的素质啊!"

abuding77928 性格内向,她的文章很有味道。去年冬季里她那些暖洋洋的文字,长久地萦绕着我。她珍惜幸福的生活,文章流露出来的惬意和幸福感异常感动人。

看她们的博客我很快乐,她们互相的评论和留言,文字轻快跳跃如音符。她们的照片很独特,喜欢抓一些幽默的瞬间,合影时她们会跳起来,让身体和头发在空中飘。碰到美食她们就使劲地上图片,尽情地秀,看得人垂涎欲滴……我推荐她们的博客给一些博友,我说,不快乐的时候就去看看音乐人的博客吧,用心感受艺术的生活和生活中的艺术,生活其实很简单,简单就是快乐。

一直希望去现场听一场她们的音乐会,那天终于走进了深圳大剧院的音乐厅。乐队很庞大,在乐池里进行演出前的试音练习。

因为在博客上互相见过照片，我坐轮椅又显得特别，乐池里的衣服的角角很快发现了我，她用琴弓向另外两位同伴传达了信息，她们在看台上搜寻到我后，向我招手问候。

短暂的演出中场休息时间，三位演奏家来到观众席上看望我。第一次见面，而且在这样的场合，大家都特别高兴，末了，留下了一张珍贵的合影照片。

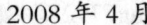

2008 年 4 月

第三部分

温　暖

激情燃烧的西北岁月

> 受伤半年后,第一次戴着辅具试着写字,
> 自己都没有想到,
> 完全凭直觉歪歪扭扭写下的
> 竟然是"证券时报"四个字。

受伤半年后,第一次戴着辅具试着写字,自己都没有想到,完全凭直觉歪歪扭扭写下的竟然是"证券时报"四个字。妻子在旁边忍不住潸然泪下,感叹道:"你的时报情结真重啊!"是啊,5年的证券时报记者生活,于我的确是一段刻骨铭心的记忆,一段难以割舍的情怀。

1 到西北去

1998年底,过罢6周年社庆,我被派往西安驻站。西安是个陌生的城市,我仅当过一两次过客。时值冬季,与绿树红花的深圳形

在壶口瀑布

成反差,萧瑟寒风中的古城西安,满眼枯枝败叶,毫无生机,而肩头担子又沉重:加大西北报道力度,与上市公司广泛建立合作关系,扩大《证券时报》在西北的影响,积极拓展报社各项业务……广阔的大西北,身单影只去开辟市场谈何容易?

一个星期天,我坐车沿古城旅游西线走了一趟,在霍去病墓前,面对那尊著名的"马踏匈奴"石刻,一股豪壮之气油然而生,这是一块宝地啊,中国历史上最张扬、最强大的几个朝代都曾定都在此,我为什么不能在这里干一番事业呢?

几个月后,我动员在深圳工作的妻子辞了工作,带着儿子来到西安,家于是就像大篷车一样开始了流浪。日子紧张而忙碌,随着西部大开发号角的吹响,随着报社跨媒体平台事业的拓展,自己感觉有做不完的事。对记者站工作我也有了更深的理解:它是报社在当地树立形象的窗口,是报社业务在当地拓展的平台,也是报纸服务当地证券市场、联系区域市场和全国大市场的一个桥梁。凭借这个平台,我们勤勉敬业,短短几年时间,做出了成绩,也获得了友谊,赢得西北各方的认可和尊敬,每想起这些,我心存感激。

2 激情岁月

西北当时是报社工作的薄弱点之一,大部分上市公司与《证券时报》没有合作关系。我过去以后,在一年多时间内,业务迅速铺展开来,深市公司实现全面合作,沪市公司出现零的突破,最好时期,有50%的沪市公司选择《证券时报》作为信息披露报纸。我们基本垄

在宁夏沙湖

断了辖区内上市公司新股发行宣传的主策划权,信息披露业务大面积收获,商业广告也获得丰收,贫瘠的土地上结出了累累硕果。

4年里,我们出色地完成了西北证券市场重大事件的报道,经受住了时间的考验。宝商集团股东大会风波、兰州黄河事件、兰州证券黑市、银广夏案件等报道均产生较大影响,截至2001年,我们连续4年夺得报社年度好新闻一等奖(其中1998年为年度优秀策划奖)。2002年,银广夏股东大会系列报道,被报社评价为"上半年最具亮点的报道之一"。4年里,在西部大开发中,我们配合报社组织了一个又一个具有影响力的活动,受到各方好评。

我们密切配合报社跨媒体事业的发展,《中国证券报道》电视节目在西安落地,我们积极做好《新财富》杂志和SIB视讯节目的宣传推广,扩大了它们的影响力。

我们接管了陕、甘、宁三省的报纸发行,建立了自己的投递网络。

在报社的关怀下,西安总部的自身建设得到发展,记者站正式注册,购置了漂亮的办公场地,工作条件令当地媒体艳羡。

青春无悔,岁月无悔。想起在西北的岁月,我充满自豪。工作成绩的取得,离不开西北各方面的支持,想起与他们真挚的友谊,我内心荡漾着春天般的温暖。

中国证监会陕西省证监局局长薛文石两次访问西安总部,赞扬报社"为西北证券市场做了大量有益的工作"。我们和陕西证监局合作举办了多次活动,"证券法宣传研讨会"和"建立上市公司激励机制研讨会"获得成功。甘肃省证监局专门致函报社,感谢我们在甘肃有关证券事件中及时、客观、公正的报道。在2000年甘肃省证券工作会议上,本人荣幸地被选为甘肃省首届董秘协会顾问。甘肃省证监局局长马才斌到西安开会时,和新疆证监局局长侯丽春来到西安总部看望我们。宁夏证监局是我们多年的朋友,2001年我们在银川办会,人刚到,夏局长就来到酒店看望,还派来专车专人驻会,支持我们工作。

除证券监管部门外,我们也得到了西北省区政府的支持。陕西省政府秘书长王忠民一贯支持我们的工作,在他的帮助下,我们专访了省长程安东,使西部大开发省长访谈系列活动顺利开局。作为经济学家,在王忠民的提议下,《证券时报》组织了"发展西部资本市场大家谈"征文活动。他推荐我们参与了有影响的西部大开发高层论坛。他还就陕西证券市场的一些问题与我们探讨。有一年,我们几篇关于陕西上市公司的深度报道在全国产生影响,陕西地方媒体纷纷转载,有人担心我们得罪了陕西省政府,我去拜访他,他说,这是对陕西工作的促进,没有问题。我们与陕西省体改委多次合作,连续两年参与主办了陕西省股份制企业董事培训班。几年来,在陕西,我们越来越多地参与到了地方的一些经济活动宣传

青海塔尔寺大活佛给我摸顶

中,社会形象越来越好。

在西安市,四大班子每年与中央驻陕新闻单位负责人座谈,本报是唯一被邀请的证券媒体。国家级开发区——西安高新开发区和杨凌农业示范区与本报有过多次愉快的合作,高新区主任景俊海(现为陕西省副省长)、杨凌示范区副主任陈俊非常支持我们的工作。2002年5月,作为高新区投融资委员会委员,我以副团长的身份随西安高新区企业赴美国考察。

在宁夏,自治区副主席于革胜对我说,欢迎证券时报社到宁夏办活动。2001年本报西部论坛在银川召开,当天,于副主席正好要给中央有关方面汇报工作,为保证出席会议,他亲自就两方会议时间进行了协调,准时到会并讲话。宁夏上推办还专门为本报组织了拟上市企业座谈会。

在甘肃,省政府顾问李文治对于本报在兰州黄河事件及兰州证券黑市的采访均给予大力支持。

真正要离开西安的时候,心中没有太多的遗憾,永远留在心底的是那段难忘的记忆。离开西安那天,天气很冷,但阳光很明媚。同事和西安证监局的同志送我到机场,躺在救护车担架上的我,执意要人扶我坐起来,我一定要再看看西安。冬季的阳光下,西部大开发中的西安,如雨后春笋般展露出勃勃生机,古老的城市焕发着迷人的光彩。那一刻,我心头无怨无悔。

3 时报是我家

我是个从来不怕困难的人,往往困难越大,感觉状态越好。可是这一次受伤,我却深切地感受到了自己的弱小。作为一名记者站负责人,这些年自己脚底就像铺着火炭,腿没有闲的时候。作为一名记者,快速准确捕捉最新的新闻事件,笔没有停止过。然而现在,我的手脚功能都丧失,我真正地感受到了无能为力!面对随我在西北飘泊的弱妻幼子,长时间我都陷在悲观绝望的状态中,心灰意冷、心如枯井是我真实的写照。

住院的时候是秋天连着漫长的冬季。庆幸的是,在这个寒冷萧瑟的季节里,我和家人感受到了来自报社大家庭的温暖。

事故刚发生,报社便派一位副总编和社长助理在最快时间飞抵西安,这给当时处于极度悲伤中的家人以很大的安慰。不久,公司部两位主任来到西安,还带来了为我祈福的平安符。春节前,副总编辑又代表报社领导前来慰问。从未谋面的田副社长在春节前发来了问候的短消息,之后又打来电话鼓励我,令我感动。领导的关心使病床上的我及家人感到了温暖。

住院期间,那么多熟识的和不太熟悉的朋友、同事为我捐款,

与时任陕西省人民政府秘书长、现国家社保基金副理事长王忠民在一起

大家通过各种方式鼓励我战胜困难、坚强面对人生。同仁们带来了九周年社庆时大家为我祝福平安的签字及照片，社长兼总编辑武凤仪的两句题词"西北巨将，何日再现"、"好人一生平安"对我当时是莫大鼓励。湖北记者站站长写来一封信记述了当时会场的感人的场面。已离开报社的几位老朋友也关心着我，深圳市人事局党组成员、办公室主任郭经纬在西安一下飞机直接来到病床前，带来了浓浓的兄弟情。银鸽投资董事长杨松贺从河南赶来西安探望……

关怀就是力量，报社的关怀，同仁的爱心，使我身处西北却不孤独，尽快康复加入团队是我最大的愿望。经过一段时间的治疗后，我急切地将身上的各种管子一一拔掉，我希望自己尽快好起来重归温暖大家庭。在春节前我坐上了轮椅，虽然第一次只坐了20分钟，但那是我100天里第一次的坐姿啊！医生护士都为我高兴，我也很高兴，我期望着自己的进步。春节，武社长在电话中鼓励我说，自身的毅力加上大家的支持，相信一定能够创造奇迹！

3月21日，我到了广州。在白云机场，高峰等两位编委和办公室同志来接我，亲切的面孔和扑面而来的温馨的南国气息，叫人心情激动。不久，社长助理、广告公司和发行公司经理等纷纷赶到温泉探望，轻松愉快的聊天让我忘记了伤痛，他们的激情感染着我，我的心被触动，有又想飞的感觉。不久，老领导深圳证券信息公司总经理郑颂、副总经理张华等又带来了浓浓的友情。发行部还为我剪辑了一本《石新荣新闻作品选》送来，这真是一份珍贵的纪念！

5月，"非典"形势刚刚松缓，报社领导班子一起到广东省工伤康复中心来看我。那一天，我坐着轮椅早早等候在楼下，当见到报社领导们时，仿佛游子见到了亲人，我禁不住哽咽。重新坐在老总们的身边，像又回到了过去，亲切、温暖，我浑身又充满斗志。

4　朋友就是力量

当一个人经历重大磨难的时候，往往能更深切地感受到人情冷暖。受伤以来，西北证券界给了我很多的关爱。我刚受伤，陕西证监局局长薛文石和甘肃证监局局长马才斌就赶到医院看望，还在重症监护室的我未能与他们见面。不久，薛局长和岳仁华副局长再次到医院看望，岳局长把个人电话留给我太太，说："你们虽然远离报社总部，但陕西证监局就是家！"春节前，甘肃的马局长派办公室同志专程从兰州送来了几箱名贵中草药，还打来电话说，如果到兰州治疗将提供最好的条件。宁夏证监局副局长买文广代表班子专程来看望，那天他在床前一坐几个小时，给我介绍久违的外部世界，鼓励我坚定康复的信心。

在我动身来广州的前一天，岳仁华副局长特意到家里送行，送我"坚强、乐观、自信"六个字。第二天一大早，陕西证监局安排综合处处长送我到机场。到广州不久，刘民德副局长又打来电话，关切询问我的康复情况。5月份，听武社长说，年初他参加全国金融证券工作会议期间，西北几个省区的证监局长齐齐来到他房间，关心我的情况，令他很感动。深交所西北中心的两届主任周国友和刘捷都到医院来看望。

入院以来，连我自己都不曾想到，有那么多的朋友前来探望。西北的上市公司、证券公司、拟上市公司的朋友们来了，新闻媒体的朋友来了，文化界的朋友来了，遍布各地的中学、大学同学也来了。那些日子病房里每天鲜花不断，深陷于伤痛之中的我和家人也同时被浓浓的情谊包围着。更加触动心弦的是我也结识了许多同

在青海骑牦牛

类朋友——和我一样受到病痛和残疾折磨的病友们,他们主动地向我伸出了友爱之手,传递信息,热情鼓励。他们所经历的苦难和对生活的坚强态度,使我的心灵受到强烈震撼。

5 感谢生活

　　从小,生活就给了我很多磨难,但我坚信顽强的意志一定能战胜厄运。然而这次毁灭性的灾祸却彻底粉碎了我的追求和梦想,面对高远的天空,心里时常涌起一阵阵无言的叹息。我爱我的家人和朋友,我爱我的岗位和同事,我不能容忍自己用这样一种灰心丧气的态度去逃避危难。我期待着时间最终带走一切的颓废和不幸。

　　武社长送了我一本他自己的书法集,扉页上的题字是:相信创造奇迹!在饱受病痛折磨、倍感灰心的时候,我会经常想起领导、同志们的关怀和帮助,想起各界朋友的鼓励,这是我战胜一切困难的力量和源泉,我想在历经磨难之后,心灵最终会走向平静,明天的太阳也会重新燃起我的希望。让我衷心地说一声感谢吧,感谢命运让我与死神擦肩而过,感谢生活曾给我那么多的美好和快乐,也感谢身边每一位关心支持我的朋友!

2003 年 6 月

(此文刊登于《证券时报通讯》2003 年第 2 期,原标题为《难忘的回忆 真诚的感谢》)

结婚的故事

> 在我的心里,介绍对象是不靠谱的事,
> 两个人一无所知,怎么能够相爱呢?
> ……
> 认识她以后,就带着她一起跑,
> 她也戴一顶安全帽,跟着我跑遍了工地的角角落落,
> 奔跑中生出许多的感动来。

上大学时,一次失败的初恋让我明白了,世界上最复杂的工程是恋爱和结婚。不同经历,不同兴趣爱好,不同性格,两个人要愉快地结合,真是件不容易的事。同性朋友交往一段时间,分道扬镳的大有人在,何况男女之间呢?经历之后,也明白了什么样的人适合自己,明白了自己喜欢怎样的人。

1989年大学毕业,来到中州铝厂建设指挥部工作。头一年,有老同志给我介绍对象,我无动于衷。看着许多大中专毕业生忙着找对象,我按兵不动。有了一次恋爱的挫折,对恋爱就异常慎重,还把一位作家的话抄写在笔记本上:"家庭是一个人最后的驿站,每个

门都关着一个人的命运,幸福的或者不幸的。"我不希望自己拥有一扇不幸福的门。

工作了一年以后,1990年夏天,指挥部又来了两三百名大中专毕业生。参与他们入厂培训的一个好朋友说,争取给我物色一个女朋友。我没有在意,在我的心里,介绍对象是不靠谱的事,两个人一无所知,怎么能够相爱呢?朋友很快打来电话说,有了"目标",让我过去见面。我拖了几天,他又来电话说,有其他"猎手"开始靠近"目标",莫错失良机,要我迅速过去。

在中铝建设指挥部,男青年找对象难是事实。大中专毕业生基本是工科生,女性不多,加上厂区地理位置偏僻,远离城镇,女性资源很少。那天下午吃过饭,我骑上自行车,来到几公里外的培训基地。没有刻意准备,本身没有抱太大的希望。在朋友的宿舍,几个人正在聊天,朋友向我介绍了她,粉嘟嘟的样子,学生气十足,面相善

与太太结婚时的甜蜜合影

良,也颇显清纯。于是我加入,与他们一起聊天到很晚。她话不多,没有特别的印象,但不好印象也没有。

  第二天,朋友说对方对我的印象不错,问我要不要继续接触。我说可以。几天后我过去了,晚上我们在厂区的公路上散步,我问她喜欢读什么书,有什么爱好。她说不喜欢读书,爱好睡觉。另类的回答令我颇感意外,不过听了这个回答,印象挺好,不虚伪,还挺幽默,便有了继续交往的念头。

  基建时期,厂区文化娱乐设施匮乏,业余生活十分单调。我的业余生活却丰富多彩,下班以后,戴一顶安全帽满现场跑,去施工单位驻地采访,去夜战现场拍照,去找参建单位的记者和通讯员玩。认识她以后,就带着她一起跑,她也戴一顶安全帽,跟着我跑遍了工地的角角落落,奔跑中生出许多的感动来。

  相处一段时间之后,感觉轻松愉快,她单纯善良,性格平和活泼,不争强好胜,这是我喜欢的。特别在对真善美的认知上,我们基本一致,这一点我特别看重。

  认识不久,她20岁生日到了。本来她和同学已经约好,要去焦作市里过生日,可是下了班,她没有搭乘回市里的班车,而是留下来和我在一起。厂前没有小吃店,我们就在食堂吃了饭。几公里外的基建队伍驻地,虽然有小商店,卖的都是日用品,所以生日礼物也没有送。晚饭后,我们坐在厂前一片鹅卵石荒滩上,闻着蒿草的气味,看着远方的太行山和眼前灯火阑珊的建设工地。面前,规模宏大的一期工程已经有了雏形,憧憬着它的明天,想到未来企业的产品里融有我们的汗水,想到亲手种下的树木枝繁叶茂,想到我们是它的创业者,内心被自豪感充溢着。她的20岁生日,没有蛋糕,没有蜡烛和生日歌,也没有礼物,但是两个青年人的心滚烫似火,溢满了幸福的感觉。

不久,她写了一篇《起造一个家》的散文,文章洋溢着青春的激情,表达了对创业生活的热爱,对未来生活的憧憬。文章刊登在《中铝建设报》上,许多年轻的建设者产生了共鸣。我的一位参加了中铝建设的中学同学,几年后,记述了这篇散文对他当初决定加入中铝建设的影响。

那时候我工作很忙,一二十家参建单位,地跨两市三县的施工点,《中铝建设报》是现场唯一的喉舌。从中央到地方都关注着中铝项目,报纸也是各方了解中铝工程的窗口。印刷厂在几十公里外的焦作市里,采访、写作、编辑、校对、发报、对外宣传以及记者通讯员队伍建设,人少事多,好在我们都年轻,都住在厂前单身宿舍,下班后可以继续工作,我们办公室的灯经常亮到很晚。

1992年,一期工程最后的尾工歼灭战打响,中铝向试车投产做最后的冲刺。五年鏖战即将结硕果,全现场动了起来,我们报纸节奏也加快,两三天出一期。大家白天黑夜深入现场采访,采写长篇通讯和报告文学,反映一期工程的画册和《太行作证》文学作品集也在紧锣密鼓编辑中。我们办公室的灯光经常彻夜通明,饿了就吃方便面火腿肠,困了枕本书躺在办公桌上打个盹。住在现场的总指挥说,报社和生产总调度处的灯,是办公楼里的长明灯。

那时候,她也住在厂前宿舍。有一天晚上,我们很晚还在工作,她煮了牛奶荷包蛋,用保温桶盛着,提到办公楼来看我。走到楼下的广场,看到我们窗户里透出的灯光,看到窗户里我们紧张忙碌的身影,她站在广场上看了很久,泪水模糊了眼睛……我是后来在她的日记中看到这段文字的。这场景是我们那个时期真实的写照,也是我们青春岁月的珍贵纪念。那是一段激情燃烧的岁月,是流光溢彩的岁月,多少年之后的今天,回想起来,感觉依然那样美好,仿佛那个年代的空气都是金色的。

1996年9月,中州铝厂干法系统试车成功,生产出烧成熟料,在现场与现中国铝业副总裁刘祥民(左三)留影

1993年上半年,一期工程刚刚建成投产,我们结了婚。将近三年的恋爱,始终无暇顾及结婚的事情。结婚证上的照片,是回市里路过照相馆时,走进去随便拍的,照片上的我胡子拉碴。单位给的新房闲置了很久,没有时间去收拾。结婚的时候,新房安在父母家的一间屋子里,准备工作全交给父母操办。父亲单位是煤矿基建单位,生活区远离城市,工人村连一个请客的餐馆都没有。单位食堂的师傅,在户外搭了一个帐篷当厨房,一栋刚竣工的新楼的房屋当餐厅。父亲从市里采购来原料,厨师们帮忙操办了一场酒席。

在楼下储藏室的墙上挂了一个床单,床单上贴了一个大红喜字,权当背景。没有婚礼大厅,亲朋好友和中铝的领导、同事,站在窄窄的过道里,见证了我们的婚礼。中铝的党委书记主婚,宣传部长证婚,来了有近二十位处长,而之前我们并没有声张。焦作市著名摄影家、焦作日报摄影科长王振松给我们拍的照。后来我给总指挥梁中秀(后任中国铝集团总经理)送喜糖,他吃惊地问,怎么没有告诉他,他若知道的话一定会去祝贺。唉,那时候我们纯真、简单,心思都在工作上,根本没有用心去做设计和准备。结婚后的第三天,我们俩都上了班。

自始至终,在结婚问题上,我们没有分歧,没有发生过争吵,以后也没有过任何埋怨。我们以愉快的心情,尊重父母的意见,带着幸福快乐的感觉,顺利自然地完成了我们的结婚大事。

中铝建成投产以后,忙碌告一段落,我们才有时间去装修自己搁置的房子。说是装修,其实很惭愧,下了班,坐通勤火车来到位于新乡市获嘉县的生活区,自己用油漆把厨房和卫生间刷了一遍,朋友协助我们铺了塑料地板块。没有工具,连扫把簸箕都是向邻居借的。干完当天的活,晚上就睡在地铺上,第二天早上匆匆去赶上班的火车。而当时,我和参建单位都比较熟,完全可以请他们帮忙,但是我没有开过口,连一点材料都没有向他们要过。1993年,工程建成投产后,施工主力中国有色第六冶金建设公司总经理庄建德,在参加完《太行作证》发行仪式后,派人来问我,报社或者我们个人有什么需求尽管开口,希望为我们做一些事情。我回复他们说,什么东西都不需要。而那时我正在忙着收拾自己的房子。

像小鸟筑巢一样,我们一点一点地,终于把一个小家置办了起来,父母请人给我们打制了家具,电器等许多东西,是我们两个利用下班后或者礼拜天时间,到焦作市里一件一件选购的。做这些的时候,我们始终充满着快乐和美好的感觉,现在想起来,感觉依然很美好。

2010 年 1 月

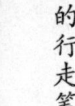

南 下

办公室在大厦的顶层，
我喜欢站在窗前，
看脚下耸立的一栋栋高楼大厦，
充满了自信。

过完 30 岁生日，我开始了我人生的又一次跋涉。

1997 年初，我辞别工作了 8 年的中州铝厂，南下深圳，开始了自己的又一次创业。在一家实业有限公司，短短时间，我职位升迁，但我不快活，我是从企业出来的，我不喜欢企业狭小的圈子和它的局限性。

1997 年底，我离开了这家公司，通过竞聘，到了证券时报社上班。

《证券时报》是中国证监会指定的上市公司信息披露报纸，是中国证券市场的三大报之一。当时的社址位于深圳市红岭中路的国际信托大厦，这栋大楼里诞生了深圳证券交易所、中国平安保险公司、国信证券等许多著名机构。

我加入证券时报的时候，她刚过完四周岁生日。那天，老总们用短短十多分钟与新员工见了面,之后我被分配到上市公司部。这是一个新组建的部门,负责全国上市公司的信息披露和新闻报道,有二三十号人,是个大部。印象深刻的是公司部浓郁的工作气氛,电话机和传真机的响声不断,记者们忙忙碌碌,客人络绎不绝,一派紧张繁忙景象。

没有多余的话,部门主任安排我做信息披露编辑,当晚开始值班。可是我连什么是信息披露以及它的工作的流程都弄不清啊!看着我一头雾水,同事老史说:"报社就是这样,一来就要上手,不过很快就会明白了!"他说他也刚从其他部门过来不久,摸索了几天后,现在已经上了手。

接打电话,写稿件,编辑版面,接待上市公司客人和券商,办公室里没有闲人,都在忙。几乎每天有人出差,又有人拉着行李箱回来,两间屋子从未坐满过,桌子上常有同事从各地带来的特色零食。大家几乎都是名牌大学毕业,有过新闻或财经工作从业经历,都是30岁左右的年龄,个个显得年富力强。

无形中我有一种压力,我对证券市场是陌生的,我连股票都没有炒过啊,对上市公司也不够了解。但我一直是自信的,我有过8年大型企业的工作经历,有多年的新闻从业经验,有不俗的工作表现,我热爱新闻工作,这些都是我的骄傲!压力就是动力,过去很长一段时间的痛苦在于,生活工作没有压力和动力,环境温和地容忍着平庸,如今,面对一个崭新的行业和广阔的舞台,这不正是梦寐以求的吗?刺激!

在中州铝厂后期,企业发展停滞,机关歪风邪气上升,做不成事,又不愿随波逐流,我很苦闷。儿子出生后,我给他取名叫石展,寄托了我渴望发展和施展的梦想。儿子一岁多时,我离开了中铝,南下深圳寻求发展。如今,面对刺激的证券新闻职业,能与许多优秀人士共事,多么幸福啊!同事的才能令我钦佩,他们一个短暂的碰头会,一个专题策划就出来了,两三天功夫,一个深度报道整版推出,文章影响着中国证券市场。办公室在大厦的顶层,我喜欢站在窗前,看脚下耸立的一栋栋高楼大厦,充满了自信。

信息披露编辑工作,关系着人们口袋里的真金白银,责任重大,一旦出现差错,轻则影响股价波动,重则导致股票停牌,给投资者造成重大损失,有时还会引起司法诉讼。老史对我说,我们每天都在刀口上蹭,随时会受伤!

当时没有电子文本,大量的公告通过传真机传输,耳朵里从早到晚都是传真机刺刺啦啦的声音。登记版面预定,接收公告,核查文字是否清晰,做好登记,下单、一校、二校、三校、画版、套红、主任签发、值班总编签发……一趟一趟往返于办公室和打字室之间,打字室和办公室在不同的楼层,人在电梯里上上下下,一晚要跑几十趟,神经又高度紧张,有时腿软绵绵的,感觉人随时会栽倒下去。

版面很多,少则十几个版,年报期间每天都有几十个版,最高时候记得接近100个版面。待值班总编签发完所有的清样,往往已是夜里十一二点。随着卫星把版面发往全国几十个印点,我们一天的工作结束了,此时城市已经安静了下来,走在大街上,十分轻松的感觉,有放开嗓子大喊的冲动。

家租住在挺远的一个公寓,孩子没有接过来,我和太太两个人,早晨一睁眼,太太上班走了,我躺在床上,脑海里把昨晚的工作过一遍,就赶往办公室。本来是下午上班,因担心昨日的工作出差错,总是一早赶往报社,路上迫不及待买一份《证券时报》在车上看。若股市开盘前,没有接到证券交易所和上市公司的电话,说明平安。如果出错,电话一般会在开盘前打过来。出现差错,报纸除了更正外,有时还会公开道歉,重大事故,会导致法律诉讼。报社对事故责任人的处罚相当严厉，扣罚成百上千元工资已属小事，有人因此被炒鱿鱼，最怕实习期间出差错，若有差错肯定得走人。

　　除关心报纸外，早去的另一个原因是，利用上午时间恶补自己欠缺的业务知识，比如了解信息披露有关法规，翻阅上市公司的资料，做上市公司财务分析，看报纸合订本……那段日子我早出晚归，一天都闷在写字楼里，与外界几乎隔绝，只有在上班的路上才感受一下城市的风光。与老朋友们中断了联系，跟太太说不上一句话。我回到家，她已经休息。早晨我醒来，她又去上班走了。有一天，我们有事情要商量，就相约等她下班后，去她公司附近见面。我利用吃晚饭的时间赶过去，在草坪上我们坐了半个小时，然后我匆匆返回报社继续值班。

　　但人很快乐。那时网络还不发达，报纸是主要传媒，在街头，在大巴车上，到处能看到人们拿着《证券时报》在阅读，这个时候，所有的辛苦都化作了内心的快乐和满足。

　　庆幸的是，在那些日子里，我没有发生一起责任事故，提前两个月转正，从第四个月起，我期盼的财经记者生活开始了。

　　老史曾对我说："新荣，你肯定能当主任！"我想，这是我们合作一场后他对我工作态度的一个肯定，我很高兴。那时候心中有很多的梦想！

2008 年 12 月

一起走过的日子

> 太太出去办事,我就独自躺在家里。
> 有几次,躺了四五个小时,电话在身边响,就是接不起来。
> 她急匆匆回来的时候,我已经一分钟一分钟地默念了好久了。

受伤以后,写了许多文章,但一直不愿触及那些和太太一起走过的日子,往事不堪回首!

2003年的4月,刚到温泉的我,不甘心坐轮椅,让太太再次去北京求医。已经是夜里11点多了,她打来电话说,从深圳飞北京的机票打折多,自己又从广州白云机场赶往深圳,一折腾,时间晚了,现在正在北京找招待所。她询问我的情况,话刚说完,就呜呜地哭起来,说离开后很不放心,特别想念我……其实两个相依为命的人,都很牵挂对方,分别以后,感觉更强烈。那时候北京市"非典"肆虐,她在北京的各个医院之间奔跑,拜访专家,我也十分担心。

她选择便宜的飞机,住招待所,我理解她心态的变化。演员傅彪住院后,她太太说自己开始挑选便宜菜买,是同样的原因。

了解了自己病情之后,我很长一段时间心很沉,没有想法,不愿对未来做打算,每天躺在病床上,看外面的青山和白云,能看很久。长期以来,在家庭里我是主心骨,突然间成了废物,思想转不过弯来,对柔弱的太太能否撑起家庭的担子没有信心,不知道未来的路该如何走。儿子在西安读书,我俩在医院,家是不完整的,今后我们往哪里去?大家能生存下去吗?担心和顾虑很多,又没有人可以交流,内心很抑郁。晚上的时候,我俩坐在温泉的桥头,看过往的行人,看灯光里婆娑的树,心苦楚得很。经常整夜失眠,定定地听山林中野鸟的叫声,能听到天明。

沉默了大半年,还是决定把家安在深圳,身体倒下了,骨气没有倒。在深圳我们原有的房子没有电梯,要卖掉,再买一套带电梯的。请假回到深圳,她推着我,看楼盘,跑了许多地方,但是十分中意的没有,希望环境好一点,希望孩子上学和她上班就近,希望有无障碍通道……跑累了,请路人帮忙,把我抬到路边的长条椅上躺一下,接着跑。几天的辛苦没有结果,只好回到温泉通过电话继续与中介联系。那段时间,一有消息,她就赶往深圳,坐早晨六点钟从化市往深圳的最早一班车,晚上乘末班车回来。我也不轻松,一个离不开人的人,没有了太太的照顾,只能请他人帮忙克服困难,每做完一项治疗,我就请治疗师把我抬上轮椅,送往下一个科室。中午时分,有两个实习生帮我打饭协助我吃过,然后转移我上床休息。下午的时候,他们又准时来接我。曾经有两次,太太的事情没有办完,赶不回来,我就求助护士站,请她们派护士晚上住在我房间里照顾我。

太太每次匆匆地去,匆匆地来,风尘仆仆。因为早起,她上车就睡觉,车上空调冷风吹,至今腿痛。那时候我帮不上忙,就自己克服

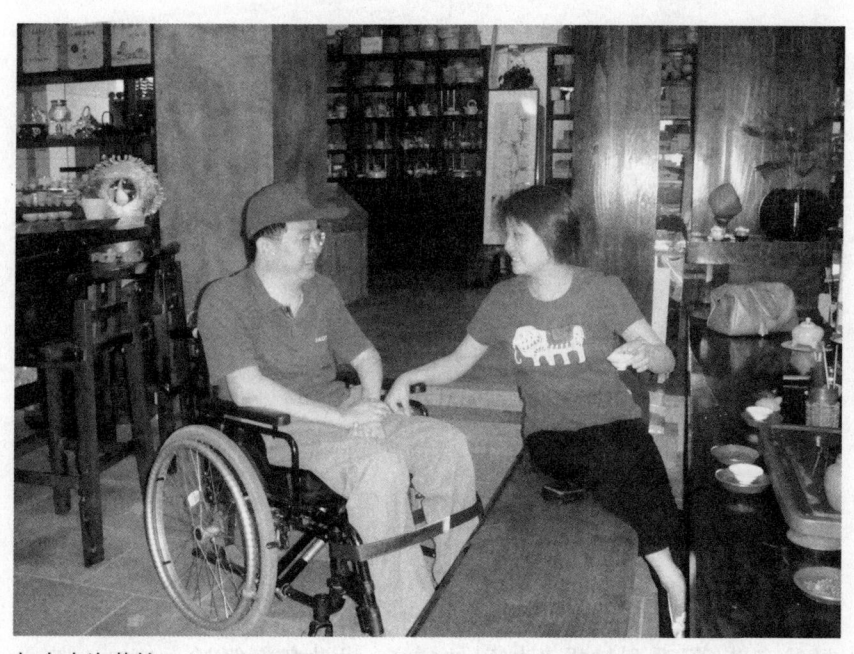

与太太泡茶馆

诸多困难,以愉悦的精神面貌给她鼓劲。晚上的时候,估计她快到了,我让实习生推我到桥头车站等她,见到面我却说自己恰好散步到这里……

房子买下了,墙要刷新,木地板需要重新处理,我们顾不上,就委托房屋中介代为监工和验收。住进去的时候,四壁空空,只有两张床,太太回西安把东西搬了过来,报社发行公司帮我们从车站运回了托运件。打开包装,满屋堆的都是东西。我躺在床上,帮不上忙,心里干着急。

还没有顾得上找保姆,她出去办事,我就独自躺在家里。有几次,躺了四五个小时,电话在身边响,就是接不起来。她急匆匆回来的时候,我已经一分钟一分钟地默念了好久了。

我鼓励她去工作,家庭不能与社会脱节。她上了班,我在精神上鼓励她，为她的工作出谋划策。新的业务，她最初上不了手，很着急，我一位上市公司的朋友帮她做成了第一个项目。再后来，她成为公司的先进工作者，连年先进，没有空过一年，获得"十佳员工"和特殊贡献者称号，我很欣慰，压力的确能造就一个人。

她上了班，我在家里，最怕出现保姆青黄不接或者刚来上不了手的情况。遇到这样的状况，她会先把我安顿好，让我坐在轮椅上面对电脑，然后再去上班，有事情我就摁电话的重拨键，那是设置好的她的手机号码，或者通过 MSN 和 QQ 与她保持联系。中午她急匆匆地赶回来，进门就冲进我的房间，先把我转移到床上，我躺倒的那一刻，感觉很幸福。最害怕肠胃不好腹泻的时候，感觉有情况，赶紧通知她，她会迅速打车回来处理。当然，这样的情况极少，大部分时间家里有人照顾。曾经一段时间我这样坚持了快两个月，虽然辛苦，但看到她操劳忙碌的样子，我没有抱怨过。

脊髓损伤者的家庭，类似的问题都会遇到，这就是生活。好在最困难的时候已经过去，我回到了家里，太太回归了社会，儿子回到了身边，一家人又团圆，这是很幸福的事情。曾经，这些只出现在我的梦里啊！

经历了风雨，现在我已经没有什么害怕的事情了。上天既然赐给了我们独特的生命体验，我们已经习惯了承受并且享受着。

2010 年 5 月

儿子小时候的故事

2003年我生日的时候,收到儿子的贺卡和来信。信中他说:

"爸爸,我经常梦见你,梦见你有力的双手,把我高高举起。

我听说世界上有一种花,叫七色花,谁得到它,谁就可以实现一个美好的愿望。

如果我得到它,我就会说,让我爸爸早点好起来吧!"

短短的几句话,看得我眼泪汪汪。

儿子8岁生日的时候,我在广东治病,太太陪着我,儿子在爷爷的陪伴下在西安上学。

儿子8岁生日快到了,我和太太心里很难过。他过去的7个生日,一家人基本是在一起度过的,每次都很热闹,儿子也很开心。可是他8岁的生日,是和爷爷俩人在人生地不熟的西安过的,我们在几千里之外的广东,难免牵肠挂肚。

受伤以后,我一直觉得对不起儿子,小小年龄,爸爸就尽不了做父亲的责任了。在西安住院的时候,儿子每个星期天来看我,我一看见他就要流眼泪,控制不住地流。儿子在病房里跑来跑去,玩得高兴,我心里却在流血,难受得不行。

出院的时候,我被担架抬下车,一眼看到在小区院子里的儿子,脸冻得红扑扑的,站在楼下等我。见我下车,他赶紧往前跑,边跑边点燃手里的小鞭炮,一路燃放。我进了家门,看到迎面墙上贴着的一副画,是儿子幼稚的作品,有一颗红色的爱心,有花儿,有儿童,画上写着"欢迎爸爸出院!"和"祝爸爸早日康复!"的字样。其他房间,都有儿子精心的布置。

在家的感觉真好,每天儿子出门上学去的时候,我坐在窗前,透过两栋大楼间的空隙,看小小的他背着书本,蹦蹦跳跳地在马路边上跑,放学又蹦蹦跳跳地跑回家。儿子总有说不完的话,我凄凉的心里因此有了一点热度。后来深圳社保局通知我去广东康复,我很不愿意去。

与儿子在一起

过罢春节,我要到广东康复去了,儿子留在西安继续上学,他爷爷陪他。临行前的一天,家人在收拾行李,儿子突然意识到了什么,大声说:"我不让我爸爸走!"说罢,把行李箱里的东西全部掏出来扔在地上,自己躺进去,抱着头蜷着身子,呜呜呜地大哭起来……那一刻,全家人的眼泪都流了下来。他爷爷去劝他,说爸爸去住院,就和在西京医院一样。儿子哽咽着说,那不一样,在西京医院,他想爸爸就可以去看,而以后他想爸爸怎么办呢?

我离开的那天早晨,儿子穿着小棉袄站在雪地里送我,车门要关上的那一刻,他突然跑过来钻进车里,抱住我亲了一口。

在广东省工伤康复中心住院的时候,特别想念儿子,我经常讲儿子的故事给医护人员听。

在康复中心,我们惦记着儿子的生日。他8岁的生日快到了,温泉镇没有什么东西可买,他妈妈跑到几十里外的从化市,给他买来了玩具汽车寄过去。生日前一天,她又打电话给孩子的班主任,告诉老师孩子的生日到了,希望老师给他祝贺一下,说这些话的时候,他妈妈在电话机前泣不成声。她还委托她的同事,以爸爸妈妈的名义给孩子订制了一个大蛋糕。

生日的那天,儿子去上学,刚走进教室,班主任老师告诉同学们说,今天是石展同学的生日,请大家一起向他祝贺!大家鼓掌为孩子祝贺,共同为他唱了生日歌。在老师和同学的祝福中,儿子迎来了自己的8岁生日,老师还送他一本漂亮的童话书,儿子特别高兴!

中午回家,爷爷做了几个菜,妈妈的几个同事带着蛋糕等礼物来给他祝贺生日,那天儿子接到了奶奶、姥姥、姑姑、叔叔、姨妈等许多人的电话祝贺,晚上爷爷带他去吃了德克士炸鸡,儿子在电话中说,8岁的生日他特别开心!

2003年我生日的时候,收到儿子的贺卡和来信。信中他说:

"爸爸,我经常梦见你,梦见你有力的双手,把我高高举起。我听说世界上有一种花,叫七色花,谁得到它,谁就可以实现一个美好的愿望。如果我得到它,我就会说,让我爸爸早点好起来吧!"短短的几句话,看得我眼泪汪汪。

康复结束,我们回到深圳,分离了一年半的儿子也回来了,一家人团圆。儿子很高兴,幸福的表情挂在他的脸上。他每天帮我做许多事,成了我的小帮手,我有什么需求,他能明白并迅速奔到我身边。每天上学前,他都要亲吻我一下。如果发现天气不错,他会在楼下通过对讲器,嘱咐阿姨推我下楼晒太阳。他们学校门口有个小店,卖的鱼丸很好吃,儿子回来总是夸,有一天,他竟然买了一碗回来,怕汤水溢出,用两只小手捧着,弓着腰,一小步一小步地走了那么远的路,一进家门,兴奋得满脸通红,大喊:"爸爸,你也可以享受到美妙的鱼丸了!"我见有一个鱼丸被咬了一小口,儿子说,他实在馋得不行,只咬了一小口,决定还是留给爸爸。怕我不相信,他还让我来检查鱼丸的数目。儿子的同学写了一篇作文,讲他和我儿子一起去吃麻辣烫,吃完,儿子还不忘给爸爸打包几串,令同学很感动。老师说,孩子有时在学校犯了错误,怕爸爸生气,就再三央求老师不要告诉爸爸,可以告诉妈妈……

因为我的住院治疗,儿子小学阶段生活动荡,读了三个省的三所小学。2004年,他来到深圳读书,回到了我们身边。开学的第一天,我们全家人去送他,那天我特意带了相机,在深圳的名校荔园小学门口,我们一家人有了一张珍贵的留影,照相的时候我心里非常自豪,因为我们这艘小舟虽然遭受了重创,但它没有搁浅,更没有返航,依然在扬帆前行!

2010 年 4 月

儿子是真情吗？

> 他在我面前故意大声地叹气，说：
> "爸爸，我可要离开你了啊！"
> 我说："好事！"
> "可我舍不得你呀！"他挤挤眼睛，装出很伤心的样子。
> "假话。"我说。
> "是真的！"他有点着急。

前几天，我大学的一位同学来看我，她是从事中学教育的，我就我儿子的一个问题向她讨教。

儿子自从上初中以来，总是不愿意和我一同上街。有时我在街上见到他，他掉头就跑掉了。他从不带同学来家玩，同学来向他借东西，他总是让他们在楼下等。起初我没有在意，后来我意识到了，他是有意不让同学知道他有一位残疾人爸爸。一次我试着说，我要参加他的家长会，他显得很紧张，后来哭着告诉我，小学时，同学和他吵架，笑话他爸爸是个残废，他为此和同学狠狠打过架。他不想让中学的同学知道自己爸爸是个残疾人。

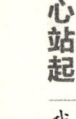

我有这个思想准备,所以我没有责怪儿子,我理解他。只是我在想,儿子因为我背负了一个沉重的包袱,我要不要帮助他去掉这个包袱呢?

去年,我们家庭获得"深港残疾人幸福之家"称号,颁奖典礼,他不愿去。后来去了,看到隆重热烈的场面,看到大家对我们的尊重,他特别开心,还在台上表演了节目,回来后还高兴地给亲戚打电话,报告我们获奖的消息。

我在想,社会对残疾人存在着偏见,这是儿子有压力的原因,儿子担心他的同学瞧不起他的爸爸,是否通过他的班主任,让他的同学了解他的爸爸,从而化解他心理上的压力?我犹豫着。

恰好这时候,我的大学同学来看望我了,从事中学教育的她对我说,青春期少年的心理往往很敏感,自尊心强,有这种心理很正

儿子长大了

常，她倒建议我任其自然，她说随着孩子的成长和成熟，自然会明白道理的。我想了想，也同意她的观点。因为在家里，儿子与我的感情十分融洽，同学说，那天她看到儿子爬上床钻进我的怀里、搂着我开心玩耍的场面，她很放心。

暑假，儿子要回河南看望爷爷奶奶，这两天，他在我面前故意大声地叹气，说："爸爸，我可要离开你了啊！"

我说："好事！"

"可我舍不得你呀！"他挤挤眼睛，装出很伤心的样子。

"假话。"我说。

"是真的！"他有点着急。

"可是你从来没有想念过爸爸呀！"

"想过，比如去年夏令营和军训的时候，我就特别想你！"

"怎么想的？我怎么不知道啊？"我说。

"从离开你的第二天起我就特别想你，很想马上回来看你。"儿子说。

去年，儿子离开了我们两次，一次是去外地参加夏令营，一次是参加学校军训，两次都是一个礼拜时间，可他回来后没有说起想家的事啊，我也没去问他，因为他从来就不是一个缠绵的人，有时故意说些动听的，也是装的。

但这一回，也许儿子是真情。

2008 年 7 月

书痴石展

> 为讨我欢心,他读完一本书,
> 总假模假样地对我说:
> "老爸,你真厉害,简直是独具慧眼呀,
> 你选的书真是精彩之极!佩服、佩服……"

说起儿子石展爱读书的事儿,就是装一箩筐也装不完。

石展自小爱读书,与我有很大关系。我一直固执地认为,人的知识来源,单靠几本薄薄的教科书,是一件极可笑的事情。读万卷书,行万里路,才是获取知识的主要途径。持此观点,我对儿子的教育思路大家就可想而知了。

对石展的功课我一向重视不够。幼儿园时,他回家写作业,我脱口就说,"幼儿园就有家庭作业,简直笑话,咱们不写!"结果孩子升入小学,老师反映,字写得很难看,基础不好。

到小学一年级下学期,他刚学会拼音,我就买回一大堆的拼音童话书,不久,又把12卷的《世界经典童话全集》给他搬回了家。至于功课,我从不过问,认为小学那点简单的东西,交给学校就行了。

我对孩子的阅读十分重视。石展上二年级的时候,我在广东住院,他在西安,平时通电话,我们聊的内容大都与他的阅读有关。他上三年级时,到河南他姑姑家读书。学校是一所子弟学校,为弥补教学质量的不足,同时也希望孩子充实快乐,我经常到几十公里外的从化市书店为他购书。一次,我和太太竟坐车一百多公里,来到中国最大的书店广州书城,泡了一整天,为他选购了一大箱书。太太去邮局寄书,我一个人坐在轮椅上,在人来人往的书店门口等,至今想起,感觉父爱伟大。

石展上三年级时,我发现他有着惊人的阅读速度。一箱书寄过去,几十本啊,他竟然以平均两三天一本的速度很快将它们"消灭"。对此我也不劝阻,继续寄,也不要求他写读后感什么的,因为读书是一件快乐的事情。那时候,他考多少分,我不在意,但却关心他的阅读。太太有意见,我却有我的理由。我认为,书籍打开的精彩世界,对人的影响是潜移默化的,我不相信,一个长期与优秀书籍为伴的孩子,他未来的路会一塌糊涂,更不相信他将来会步入歧途。

应该说,石展是十分幸运的,因为从他上小学三年级起,我便开始系统地指导他进行大量的课外阅读。

石展四年级时转到深圳上学,我正好有大把时间为他选书。选书买书是我一大乐趣。我居住的小区,往南是深圳市购书中心,往北不远是八卦岭图书批发市场,社区里也有几家小书店。我经常坐着轮椅,悠悠然往来于这些书店之间,书店的许多员工对我都熟悉。

石展阅读的内容,从世界各国著名童话、神话,到中国现当代著名儿童文学,从世界经典名著,到古今中外名人传记和历史及科普读物,他将他所处年龄阶段该享受的精神食粮,较系统地品尝。

我想，他今后不会遗憾地说，这原本是我童年的食粮，怎么今天才品尝？他会很自豪地对各国朋友说，你们知道的，我全知道。

与我购书的兴趣相比，石展对阅读的兴趣更高，简直到了痴迷的程度。每次我买书回来，他都能敏锐地嗅到，只要翻出，准一口气读完。书往家里一撂，过几天问他，全读完了。有时我就把书藏起来，一次他实在找不到，一下午抓耳挠腮、坐卧不安。晚上刚好有客人来，趁我们聊天，他过来要书，还向客人挤眉弄眼请求帮助。我们一起外出，他准不忘记抓一本书带上。平时他上卫生间总要蹲半天，我知道他在干什么。为讨我欢心，他读完一本书，总假模假样地对我说："老爸，你真厉害，简直是独具慧眼呀，你选的书真是精彩之极！佩服、佩服……"

四年级时，石展已基本把经典的世界及中国的著名儿童文学作品读完，四年级下学期，开始阅读世界经典文学全译本、名人传记和历史书籍。对于班上流行的一些儿童文学书籍，他早已不屑。与他交流，我发现，那些享誉世界的经典名作在他心目中占有很重的分量。

石展升入六年级了，为了保证他的学习时间，我停止了给他购书。但他有自己的办法，小区图书馆和社区书店成了他的乐园，一旦找不见他，去这几个地方，准能逮着。有时他还到购书中心去，一去就是一天，吃饭时间到外面喝碗馄饨接着看。我们要经常打电话给购书中心，请他们广播通知石展同学回家。这几年来，他以每年将近100本的速度进行阅读，这在同龄孩子中实属罕见。

石展所在的小学是深圳一所名校，同学成绩都很好。石展成绩不算突出，但是，从他平时的表现和老师的介绍中我感觉，读书使孩子反应机敏、思维活跃，看问题见解独到。最高兴的是，孩子人品端正，心地善良，平时显得风趣幽默，对此我深感欣慰。

石展性格外向，表现欲强，上课发言非常踊跃，成为观摩课上的活跃分子。一有观摩课，他就摩拳擦掌，准备表现一番，课后往往感觉良好地向我炫耀，外校老师为他鼓掌，校长还摸了他的头，语文老师给他奖励了一个苹果等。一次上家长观摩课，他妈妈未去，在后来的家长会上，一些家长就打听石展的家长，说在上次观摩课上，石展发言思路开阔、见解独到，给大家留下很深的印象。我听后心里乐滋滋的，感觉很满足。

一次他姑父带他出去玩，回来说，在一家酒店，墙上挂着很多外国美术作品，石展竟一幅幅地给他讲述了画中的神话故事，叫他很是惊讶。

今年，石展小学毕业，一天，他拿回一张奖状，上面写着"石展同学被评为荔园小学特长生"。我很吃惊，因为这孩子虽然书读得多，但在才艺及体育上没有特殊表现，怎么会是特长生呢？石展说，因为他阅读丰富、思维活跃、知识面广，学校特评他为特长生（其实，老师也不知道他读了多少书）。我想了想，是啊，开阔的知识面、丰富的想象力和对真、善、美的认知度，应该是我们教育努力的方向啊！我不由想起我在从化住院期间，接触到的那些大中专实习生们，他们一个个青春年少、如花似玉，可是一深入接触就发现，阅历简单不说，令人吃惊的是，在他们整个学生阶段，竟没有像样地读过几本书，更没有养成良好的阅读习惯，仅知道一些流行的东西而已，结果，知识面狭窄，一个个给人轻飘飘的感觉，如一片纸。我当时就深切感受到了应试教育的危害，也坚定了支持儿子阅读的决心。

今年石展小学毕业，毕业考试后，我十分关心他的成绩，担心他因为过分阅读而影响学业。结果成绩出来了，语文88，数学92，英语98，我悬着的一颗心总算放下。班主任老师的评语是："你是一个聪明、活泼、有才气的学生,常常能语出惊人,但是,如果再静一些,你会取得更好的成绩。"评语中肯,我知道,石展顽皮、好动的一面依然突出。

7月的一天,石展参加完深圳市实验中学面试回来,显得十分兴奋。他又自我感觉良好地告诉我,七八个老师面试,其他同学很快就出来了,而他跟老师们聊了好久,聊的内容很广泛,还谈到了股票,他说老师们挺喜欢他的,一个女老师还对他说,好好努力,争取上她的班。

8月底,石展拿到了实验中学的录取通知书。头一天到校回来,他激动地说,老师让他当班里的学习管理员。我们很高兴,希望这对他是个很好的鼓励。

十年树木,百年树人。孩子成长的过程,有快乐,也有烦恼,但有一点我坚信,书籍是人类智慧的结晶,长期与优秀书籍为伴,那么人就会变得品德高尚,就会充满情趣和趣味,我希望石展能够理解这一点。

文章最后,我把石展一篇作文的结尾引用在此,他说:"在现实生活中,是我推着坐轮椅的爸爸,可在人生路上,却一直是坐轮椅的爸爸引导着我。"我十分享受这句话。

2007年9月

从心站起

> 刚入营时,大家都心思重重,情绪低落。
> 第一次交流时,有人流了泪。
> 记得在心理课上,当探讨身体和灵魂哪个重要时,我竟然打断老师说:"不用讨论,没有了健康就没有了一切,
> 脊髓损伤者什么责任都承担不起,连捡垃圾的都不如!"

说实在的,伤残里最重残的脊髓损伤者,在经历了人生的重大磨难后,大多数人比较消极,心底往往给自己画好了圈——快乐不再属于自己,所有的活动都与自己无关。我也是如此,深圳市残联举办海峡两岸脊髓损伤者生活自立训练营,我是抱着看一看的心理去的,做好了随时撤退的打算,然而进了训练营,我收获很多。

训练营里,我认识了其他5位营员。我的同屋陈永强,颈椎损伤已有19年,19年来自己封闭在小小的空间里,太太成为他的影子。小我一岁的雷巍,曾经是国家二级运动员,在国外留学时遭遇

车祸,颈椎脊髓损伤,15年过去了,年迈的父母陪伴着他。蔡淑珍7年前受伤时,孩子才几个月,全身瘫痪的她,给予孩子的只能是心里的爱。曾经是警察的蒋鲁军,在与歹徒搏斗中腰椎中弹受伤,从此坐上了轮椅。曾是记者的张春梅,坠楼瘫痪,独自抚养着一个上大学的儿子。6名营员,其中4名都是重残的四肢瘫患者。相同的经历,一下子把我们的感情拉近。

4位台湾老师中,两位坐着轮椅,一位颈椎脊髓损伤,另一位腰椎脊髓损伤。那一天,得知他们是我们的教练,我被震撼。脊髓损伤者活着都艰难,当我还在努力营建平静内心世界的时候,他们已漂洋过海,来为更多的脊髓损伤者服务,这种行动实在令人钦佩!

更令我佩服的还有他们的课程。我们的课程分体能训练、生活自理能力训练、心理康复和未来职业规划4类,"发挥潜能、热爱生活、参与人生"是课程鲜明的主题。我虽然接受过康复训练,但像这样如此重视心理康复,从心理康复寻求突破口的康复方法,令我耳目一新、受益很大。

脊髓损伤者都有心理问题,在与病友交流后我更确定了这个判断。刚入营时,大家心思重重、情绪低落。第一次交流时,有人流下了眼泪。记得在心理课上,当探讨身体和灵魂哪个重要时,我竟然打断老师说:"这个问题不用讨论,没有了健康就没有了一切,脊髓损伤者什么责任都承担不起,连捡垃圾的都不如!"

面对我们这些问题人士,老师谨慎地开始了授课。他们出了一些话题让我们发表意见,特定的气氛下,大家积极发言,真实地表达了自己的想法,不觉间每个人心扉敞开,倾诉中,大家变得轻松起来。内心深处的东西平时不愿展露,因缺乏交流和宣泄造成的压抑,经常会使人产生愤怒和极端的想法。在训练营,通过倾诉和交流,大家脸上笑容增多了,神情变得轻快起来,雷巍说,自己沉重的思想包袱好像卸去了一大半。

平时我们都不爱出门，总是把自己封闭在小小的空间里。训练营里，老师频繁地组织大家外出。每天早晨，他们带领我们在马路边主动向过往行人问好。坐在辅具中心门口，我们大声向来上班的工作人员说早晨好。起初我喊不出声音来，看着台湾老师主动、快乐的问候，我意识到，自己的确存在着心理障碍。

老师带我们去乘坐大巴和地铁，到商场购物，去餐馆就餐，到社区晨练……"没有失败这回事，只有中途放弃的人，为自己加油！""这是一句好话，再试一下，再试一下……"我们大声呼喊励志口号，高唱励志歌，使劲为自己加油。陈永强从来没有这样外出过，他兴奋地说感觉太好了。张春梅走进了美容店，这是她受伤后的第一次。雷巍亲自给妈妈买了一个可爱的布娃娃。我给自己买了件鲜艳的T恤穿上了。

莲花山是深圳市的一座名山，山顶有小平铜像。我过去总是在

我们登上了莲花山顶

山下走走,从未想过要去登顶。在训练营,我们竟然开着电动轮椅登上了山顶。那天,坐在山顶,每个人都无比兴奋,都是首次来到这里,鸟瞰美丽的深圳,在小平像前合影留念,为自己喝彩,每个人脸上都是快乐!记得一个多月前,我刚开博客时,还为找不到一张自己显得开心一点的照片发愁呢!

一堂职业规划课叫我们沉思起来。老师给我们出了这样几个问题:我失去什么?我还拥有什么?我想干什么?我能干什么?受伤以后,感觉什么都没有了,内心被绝望笼罩,哪里想过这些问题啊!那节课让大家陷入了沉思,虽然表面每个人显得很安静,但人人内心里都很难以平静。

几部励志电影让我们的心飞翔了起来,加拿大的脊髓损伤者竞选上了市长!澳大利亚的截瘫者成为励志演讲明星!坐轮椅的脊髓损伤者与美女舞出了精彩的拉丁舞!哦,原来脊髓损伤者的世界

为自己加油

竟还能如此精彩呀！

  有一天，老师请陪伴我们的工作人员说出每一位营员所拥有的。经过几天相处，大家对我们每个人已有所了解，他们的发言让我们十分吃惊，我们每个人在他们眼里竟然还拥有那么多珍贵的东西啊，过去自己为什么没有意识到呢？伤残以后，我们总认为自己一切都完了，所有的希望都没有了，心灰意冷是大家真实的写照。那一天听了大家的发言，我们都很激动，也很快乐。轮到营员自己讲自己还拥有什么时，蔡淑珍感动地说："我拥有可爱的孩子和爱我的老公，我很幸福！"雷巍说："是爱让我坚持了15年，我拥有伟大的父爱和母爱！"陈永强说："我受伤后太太与我结婚，快20年了，我们相依为命，我很满足。"蒋鲁军说："我的战友都牺牲了，我还活着，活着真好。"我说："我拥有很多，我最珍惜的是，我还拥有对生活的热情和憧憬！"

  短暂、快乐、充实的训练营就要结束了，我们无限留恋。联谊会上，营员们流下了久违的泪水。雷巍说，他已把在腿上盖了15年的毯子去掉了，自己要正视残疾，重新规划生活。曾经因痛苦而流下泪水的张春梅，满脸笑意地说，她拥有一双好手，能做很多的事情，她会以轮代腿，把自己锻炼得像台湾老师那样强壮。陈永强在尝试了诸多第一次后信心在重建，他说训练营让自己克服了心理障碍，从心站了起来，今后会体会更多的第一次。训练营结束的那一天，蔡淑珍换上了一把漂亮的轮椅，看得出，她心已飞翔，开始自己鼓励自己了。

  结业典礼上，我代表营员发言。当讲完"我们满怀留恋地即将告别训练营"时，我忍不住鼻子发酸，流下了眼泪。20天短暂的时间，我们不仅收获了康复知识，还收获了快乐和信心，我们已经从心里站起！我表示，我会通过加强锻炼让自己健康阳光起来，决心在不久的将来,写出我的第一本散文集!在训练营里,我们还收获了友谊,活动的组织者和台湾老师,理解、尊重、关爱残疾人,点点滴滴,令人感动。通过他们,我们感受到了来自社会的爱,这种有别于亲情和友情的爱,使我们温暖、快乐并受到鼓舞。

离别之际,我们送给每位老师一把紫砂壶,"一片冰心在玉壶",小壶代表了我们对他们的谢意和爱戴。"温暖之家,从心站起",是我们送给活动的组织者——深圳市残疾人辅具资源中心锦旗上写的话,也是我们的心里话。

2007 年 10 月

久违的泪水

> 那天是周末,可是几位营员都不想回家。
> 晚上,我们推着轮椅在街上给老师们选礼物。
> "一片冰心在玉壶",我们选择了紫砂壶送给老师,小壶代表了我们对老师由衷的敬意和谢意。
> 那晚,陈太回家煲了广东的老火靓汤带来给老师喝。

我已经多年没有落泪了。自从接受了四肢瘫这个现实之后,几年了,我对于所有的痛苦和欢乐,都能泰然处之,不会轻易大悲大喜。不想,在海峡两岸脊髓损伤者生活自立训练营里,我却数次落泪。

在训练营里,流下热泪的还有其他营员和家属。是什么如此牵动我们的情感呢?

爱使我们动情。在训练营里,活动的组织者尽心尽意,深圳市残联邀请来的台湾老师认真、负责,他们使我们感受到了来自社会的爱,这种爱使我们温暖、快乐并感动。

台湾脊髓损伤潜能发展中心,是一家民间慈善机构,这次派出了4位老师,其中林宽章和张世明两位老师也是脊髓损伤者,他们是坐着轮椅跨过海峡来给我们培训的。

宽章老师,四肢瘫痪20年,历经苦难,经过锻炼,他现在生活基本能够自理,被称为台湾的轮椅超人。他向我们演示了如何上下轮椅、如何洗漱、如何穿脱衣,甚至如何上下车等绝活,他还能把乒乓球拍绑在手上打球,还能驾驶改造过的汽车。

但是他感动我们的不是这些超人本领,而是他认真、负责的敬业精神。宽章老师话语不多,但他的行动影响带动着我们。白天认真负责地指导大家上课,晚上看大家没事,他会主动叫我们去锻炼。一天晚上我偷懒,谎称自己不舒服,没有去锻炼。当我逛完街回来,看见他还在训练室里等我,我很不好意思,进去一直锻炼到很晚。营员耽误了训练,他就利用晚上给补课。训练时,他拿个本子,用皮筋绑一支笔在手上,记下我们的运动量。他还细心地帮助营员解决一些实际问题。永强太太护理经验不足,他教给她独自转移的方法,使永强结束了19年需要几个人搬抬的历史。他还送给永强自己的残疾人生活用具,解决了永强因小便控制不好不敢远行的思想顾虑。我一直手痛,加上轮椅轮箍滑,从来没有推过轮椅,宽章送了防滑手套给我,还让人帮我在轮箍上缠了防滑带,我可以自己推轮椅了。宽章是台湾的少数民族,外形彪悍,性格坚韧、强悍。训练营结束后我经常想起他,想起每天早晨,他推着轮椅挨个房间提醒大家做好课前准备的情景。想起一次他演示上下床和穿脱衣裤、鞋袜的情景,这些健康人轻而易举的事情,那天他足足用了一个多小时,动用了胳膊、嘴和牙齿。一天凌晨醒来后我想起这一幕,还难过地流下了眼泪。

与宽章老师相比,世明老师显得十分活跃、快乐和幽默。他是上大学期间,因一个手术意外事故导致截瘫,在家中呆了16年以后，他走出家门融入了社会。50多岁，又完成了大学学业。他是台湾脊髓损伤潜能发展中心的主任，也是训练营的教练组组长。后来我才知道，他已经56岁，但留给我们的感觉十分年轻和阳光。

观摩这次训练营的人很多，有深圳市各区残联康复站的工作人员、各街道办的残疾人专职委员和一些大中专实习生。在众人面前，世明老师展示了他的魅力。他的感染力和号召力使每天的活动精彩而有序，他带领大家唱励志歌、喊励志口号、为自己加油，丝毫没有轮椅人士的沉闷感。他很细心，每次外出的路线，他都是坐着轮椅亲自去考察。在一些场合留影时，他总会想出一些点子，叫大家开心地做出一些很出彩的动作。他会用气球做出各种漂亮的动物造型，外出就餐时，他片刻间的作品，引得服务员们快乐无比。他给我儿子做了一个狮子狗、一只加菲猫，儿子喜欢得不行。

世明老师还到营员家里查看无障碍情况，去了雷巍家，到了我

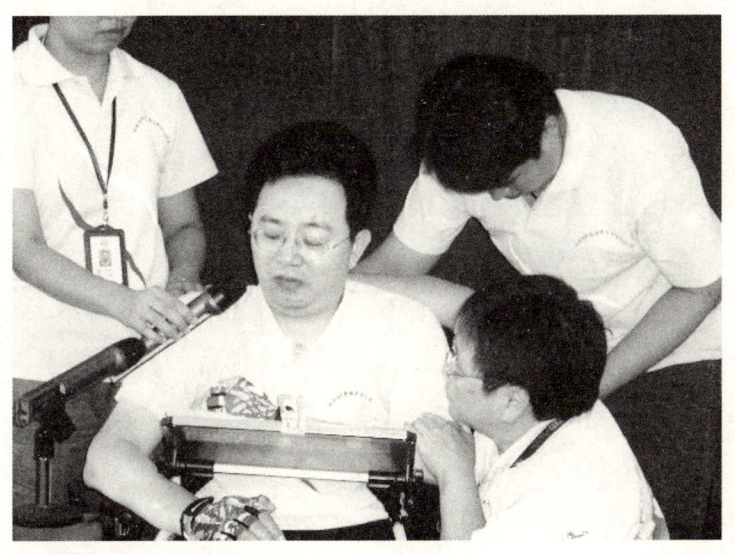

作者流下了久违的泪水

家。除上课之外,他的教学管理工作比较繁重,我们看到,只有几天时间,他的眼圈就变黑了,像只大熊猫。但他眼睛总是炯炯有神,每天都是精力充沛的印象。

训练营结束后,他在电子邮件中说,非常感谢我们陪他们度过了一段发光发热的时间,他在我的博客上看到我登上莲花山顶张臂欢呼的情景,十分高兴,希望我经常做户外运动。他还给我开了一份每天锻炼的任务单子,是他和宽章老师根据我平时的锻炼记录,量身制定的方案,叫我十分感动。他还嘱咐我,利用博客平台,倡导无障碍环境建造,为培育尊重生命、尊重残疾人的良好社会风气多做工作。

回到台湾,他向其他人大力宣传我的博客,经常给我留言。在训练营时,逢人多的场合,他就拿着印有我博客地址的名片发放,让大家浏览我的博客,现在想起这些,我十分感动!

默默无闻的社工雷老师,善于发现营员的优点并由衷地给予鼓励,大家心中的帆被她鼓得高高的。她和我们聊天时不说教,平等、亲切。她做过钢琴家教,在政府部门工作过,现在做社工,她说她喜欢这个工作,自己对脊髓损伤者有感情。她说那天听我发言,她控制不住感情,跑到隔壁房间哭了半天。

另外一位陈老师,也是世明老师的伴侣,她上的心理课非常触动人,我在《从心站起》中做过介绍。

一晃,台湾老师短暂的课程结束了,他们将返回台湾,我们留恋的情绪浓重起来。在联谊座谈会和结业典礼上,大家的眼泪流得稀里哗啦。我代表营员发言时,讲完"我们满怀留恋地即将告别训练营"这句话,鼻子就发酸,哽咽得说不下去,眼泪流了下来。许多营员和家属以及在场的工作人员都流下了眼泪,省市残联的领导的眼圈也红了。陈永强和他太太泪流满面,陈太竟然控制不住情绪,跑出了会场去哭泣。永强后来说,他 19 年没有流泪了,这次流了个够,回家后还几次哭出声。

世明老师在后面的讲话时也哽咽。

那天是周末,可是几位营员都不想回家。晚上,我们推着轮椅在街上给老师们选礼物,"一片冰心在玉壶",我们选择了紫砂壶送给老师,小壶代表了我们对老师由衷的敬意和谢意。那晚,陈太回家煲了广东的老火靓汤带来给老师喝。

老师们也很留恋,晚上深圳市残联请老师们吃完饭,他们回来已经很晚了,但又来到我们房间,聊天到很晚。回到台湾后的他们通过 MSN 说,看到我们的变化,他们感觉自己是最快乐、最幸福的人,他们的心一直留在深圳。

我们的心也一直留在训练营。训练营结束后,我们成立了互助组,一个月聚会一次,我们通过各种方式经常与台湾老师联系,我们常去拜访活动的组织者——深圳市残疾人辅具资源中心。短暂的训练营催开了我们尘封已久的心花,大家流下的是久违的泪水,也是珍贵的泪水。

2007 年 10 月

爱的力量

> 中午 11 点钟,两位男士推我去小解,
> 换尿袋时,他们一边安慰着我,自己的手却在颤抖。

想不到,在没有太太陪护下,我去了一趟香港。

深圳市福田区残疾人服务站站长巫姐邀我去香港,她说,将组织一批残疾朋友游览香港。香港我已去过两次,可是与许多残疾朋友同游香港,这对我吸引力很大。

不巧,太太出差去了。没有她的陪同,我是无法出行的。有一年,我们老社长约了几位朋友邀我见面吃饭。那天,太太正在上班,回来不了。天哪,没有太太的陪同,我从来没有外出应酬过,夹菜、敬酒、喝酒,这些事情离开了她,简直不可想象!

那天,我心里七上八下地被推着去了餐馆,好在帮我的小伙子十分灵敏,配合默契,一场下来,竟然没有出现大问题。可毕竟那次是吃饭,出远门情况就复杂多了,吃喝拉撒,没有太太在身边那怎么行?

巫姐说有义工可以帮助。但我清楚,义工对高位截瘫患者的情况了解不够,推轮椅和协助吃饭是小事,最麻烦的是如厕问题。于是我对她说,由于太太不在家,我连集合点都去不了,这次活动就算了。实际情况也确实如此,我新来的陪护还没有掌握让我上下的士的方法呢。

巫姐说,她向残联辅具资源中心范主任求助。

周六,清晨7点钟,范主任派来的无障碍小巴已经等候在楼下,她还派了一位可爱的女社工茵茵陪同我。

我们到达集合点莲花山时,只见场地上红彤彤的一片,穿红西装的狮子会成员和穿红马甲的义工构成了一道耀眼的风景线,加上残疾朋友,队伍有竟然100多人,好壮观啊!

巫姐安排了两位男士陪我,一位高个子义工,一位狮子会成员,连同茵茵,有三位人员服务我。旅游大巴车身很高,大家小心翼翼把我抬上了车。路上,茵茵担心我坐得不稳,紧紧挽着我的胳膊。

车到西部通道海关,所有人要下车检查,这时我意识到,今天上下车的次数会很多,真给大家增添麻烦了!巫姐也是一位残疾人,虽然能够勉强走几步,可上下车很吃力,狮子会一位大姐毫不犹豫地蹲下身来,背起她下了车。

第一站参观星光大道,一下车,巫姐就对我说,需要如厕的话及时说。陪同的两位男士也不断提醒我。说实在,我真有点心理负担,这次出来,我最担心就是这个问题。中午11点钟,两位男士推我去小解,换尿袋时,他们一边安慰着我,自己的手却在颤抖。我想起自己住院时,起初面对年轻女护士的护理,我很不习惯。解决了如厕问题,我如释重负,一件最担心的事情完成了。

中午就餐时,茵茵帮我戴上辅具,同桌的狮子会成员和义工不停地帮我往盘子里夹菜,喝汤时有茵茵的帮助,在没有家人的情况下,我很顺利地吃完了这顿午餐。

来到太平山顶，风很大，气温又低，茵茵把自己的外套盖在我身上。虽然来过山顶，但这次与这么多陌生朋友在一起，欣赏脚下美丽的维多利亚港，感受着爱，心头温暖而快乐。

游览完紫荆花广场，参观了香港康复会，一天的活动结束了。返回的路上，看着窗外渐渐暗下来的夜色，我感慨万千，自己创造了一个奇迹，6年多来第一次在没有家人陪伴下出门，而且走得这么远，这是从来没有想过的。

最让我感动的是，资助这次活动的深圳狮子会，他们不作秀，活动没有邀请一位记者到场。成员们服务尽心尽力，对残疾朋友悉心关爱，他们说，自己就是大龄的义工。而据我了解，他们都是些成功人士，我看过一位的名片，是一家大银行的罗湖支行行长，而背巫姐上下车十多次的那位女士，是一家著名公司的华南总代表，还

作者与深圳狮子会朋友在香港

有的是公司董事长。我想起中午吃饭时,给我夹菜的男士,手上戴着新疆和田籽料玉的手链。助我方便的那一位,我始终不知道他的称谓。那一天,他们默默服务,我算了一下,我被他们抬上抬下多达16次!他们真是令人肃然起敬。我记得去年四川大地震后,深圳狮子会就募集了巨款支援灾区,而他们都是利用业余时间做这些工作的,许多资金都是狮子会成员自己捐献的。

回来的途中,看着窗外闪过的城市美丽的风景,我心里暖洋洋的,有一股力量涌动在心头。那天,我连续坐了12个小时,中间不曾躺倒休息过一次,这在我近7年的轮椅生活史上从不曾有过,不觉间我又创造了一个奇迹。

车到莲花山时,夜幕中,资源中心的无障碍巴士已等候在那里。我从山上看美丽的深圳,这座城市看上去真的很美,很美。晚上,太太打来电话询问当天的情况,我自豪地告诉她,爱就是力量,因为有爱,我创造了两个奇迹,我很快乐!

2009 年 2 月

芬芳的雪夜

那个雪夜、那个年代人与人之间纯洁的友情，
如一缕清香永驻我心头。

快 20 年了，在中州铝厂度过的那个雪夜，始终如一缕兰香萦绕心头，愈久弥香。

那是 1989 年，我大学毕业，分配到位于河南焦作、新乡地区的中州铝厂建设指挥部工作。中铝项目当时是和宝钢齐名的项目，原设计规模为 50 万吨电解铝及相应的氧化铝、铝加工、炭素、水泥和电厂项目，地跨两市三县，号称"有色宝钢"。面对蓝天白云、巍峨的太行山和近万亩鹅卵石滩的建设工地，"建亚洲最大铝基地，做中铝创业者"的豪情壮志充溢我们胸膛。

为了更好地就近服务，1989 年底，指挥部从借住的部队营房搬入了尚不具备条件的现场办公楼。厂区围墙还未砌起，只有一座孤零零的大楼，周围没有完整的建筑物，甚至连食堂也没有建成。每天中午，大客车把大家拉到几公里外的小院食堂，餐后再拉回办公楼。

办公楼匆忙交工，连一楼的防盗网都未安装，又没设保安，只有一位年纪较大的马师傅值班。为了安全，机关里每个处室轮流派人晚上参加值班。

那时我年轻，自然和其他处室的年轻人一样经常值夜班。

1990年元旦刚过，一场大雪纷纷扬扬地飘下。那天是我值班，和往常一样，中午我就在小院食堂买好了两个馒头，下班后，当楼里的同志们坐着大客车一辆一辆地开往焦作市的生活区以后，我在办公室里泡上一杯热茶，拿出冷馒头用筷子插上，一边就着电炉烤着，一边悠闲地读起报纸。

雪越下越大，天渐渐暗下来，透过玻璃窗，广阔的工地上只隐约闪烁着零星的几盏灯。

同往常一样，我拿根电击棒从五楼到一楼开始了当晚的第一次巡查。与以往不同的是，那天我的心情格外好，因为那天是我23岁的生日，也是我参加工作后的第一个生日。年轻的自己刚工作就加入到这样一个大型重点项目的建设，这是一件多么令人幸福的事啊！想起作为这个大型企业的创业者，想起今后企业的产品里实实在在融着自己的汗水，想起我们亲手植下的树木将枝繁叶茂……想起这些，我就格外地激动。23岁生日虽然独自在工地度过，但我却感到快乐、充实、自豪。

夜渐渐深了，雪越下越大，飘飘扬扬的雪花如鹅毛般漫天飞舞，窗外简直像个童话世界。正当我准备做第二次巡查时，有人敲门，开门，进来的是值班室的马师傅，身后还跟着两个看不清面目的"雪人"。

"小石，你的同学找你。"马师傅笑呵呵地说。

"同学？"我感到非常纳闷，因为在工地我没有同学，而最近距离的同学也在焦作市里，焦作市距离中铝有几十公里，况且最后一班车已到达，中铝车站离办公楼又很远，在这样的雪夜里，即使搭便车都不可能。

"新荣，祝你生日快乐！"

熟悉的声音，这分明是我大学同学欣华和他的女朋友国红啊！

看着他们头上、眉毛上、衣服上结挂的冰雪和被冻得通红的脸颊，我惊讶得说不出话来。

欣华说他记得我生日，前几天他问我生日能不能来市里过，我说因值班去不了，于是他和女朋友私下商议，在我生日那天他们到中铝为我过生日，送我一个惊喜！

可是天公不作美，天降大雪。他俩下班后匆匆到车站，然而去中铝的最后一班车已经发出，两人于是坐上了另外一路车。要知道，那个终点站离中铝还有十多里路啊！

大雪封路，车速很慢，平时一个多小时的车程，他们坐了近三个小时。下车后继续步行近两个小时，他们才到达中铝办公楼。

"还没吃饭吧？赶紧弄饭吃！"马师傅的话提醒了我。我赶紧到小车班找值班师傅，他俩则随马师傅到值班室去烤火。

在小车班，值班司机杨师傅听了情况后马上起身说："咱们到小院碰碰运气，看能找点吃的不？"

外面是银白世界，鹅毛大雪依然漫天飞舞，空旷的工地上，吉普车在厚厚的积雪上小心翼翼地蠕动。到达小院，我们发现，小院仅有的两家小商店都已关门。

"看来连方便面都吃不上了！"我失望地说。

"去找食堂班王班长！"杨师傅说。

我们顺着宿舍区一排排平房打听，终于找到了王班长。王班长已经睡下，听了情况，他起身带我们来到食堂，开灯、捅火，炒勺一阵翻飞，转眼功夫几个香喷喷的菜就炒好了。他用一个大搪瓷铁盆把菜一盛,抓了几个馒头扔进去说:"妥了!"

于是,在这寒冷的雪夜,我怀抱一盆热气腾腾的饭菜,坐着罗马吉普,驶向办公楼。

快 20 年过去了,如今欣华和国红已成家生子,他们结婚时我还主持了他们的婚礼,我们至今经常联系。而马师傅、杨师傅和王班长,当年这些从五湖四海汇聚中铝的创业者们大都已退休,我也离开中州铝厂 10 年了,但那个雪夜、那个年代人与人之间纯洁的友情,如一缕清香永驻我心头。

2007 年 7 月

第三部分 温暖

夜幕中的玫瑰花

走在回家的路上，
夜幕中，有阵阵清风吹来，
我的心里，也盛开了一朵美丽的花。

中国情人节的晚上，我和妻去散步。

在社区附近一个路口，昏暗的灯光下，一辆残疾人三轮摩托车停靠在路边，叫我眼睛一亮的是，车的后箱有一大束鲜艳的红玫瑰，一只憨态可掬的大布熊护在花旁。

好浪漫的人哦，他一定在约会情人！

坐在车上等人的是位残疾人，二十多岁的模样，胖胖黑黑的他，显得很忠厚。他的两条腿很细，应该是小儿麻痹症患者，看样子不能够行走。

"你是在等女朋友吗？"我过去与他搭话。

他友好地对我笑笑，点头说是。

那一刻，有一股浓郁的浪漫气息弥漫我周身！

做记者时养成的职业习惯，使我忍不住好奇，连珠炮似地向他发问,在他平和的叙述中,一个美丽的爱情故事,在情人节的晚上打动了我。

他从小残疾,但有好的歌喉和音乐感觉。来深圳4年,他与几位朋友组成一个小乐队在街头卖艺。他说两个月前,有个女孩每天来听他的歌,后来她对他说:"很喜欢你的吉他和歌,希望交个朋友。"于是他们开始了交往,于是他们相爱了,他第一次坠入了爱河。

"很幸福的感觉,就像在做梦,"他说,"过去不敢去想爱情,想了也说不出口,怕受伤。现在,恋爱的感觉真好!"他说。

他告诉我,今天,他早早开着摩托车,从关外来到市里的花卉市场,购买了一大束红玫瑰,又到商场,挑选了一个可爱的大布熊,然后一直在这里等她下班。

"那可是很远的路程啊,今天天气又这么热!"我说。

"可是心里凉快!"他笑道。

"今天的玫瑰一定好贵吧?"我问。

他耸耸肩说:"是啊,花了我一百多元。"而他的收入,一个月也就不到2000元。他朴素的衣着和破损的摩托车,显示出他生活十分拮据。

"想过以后的事吗?"

"没有。但是我不会拖累她,我会尊重她的选择,我希望她过得好。"

"你是在真心爱她!"我说。

他使劲点了点头,目光看着前方。

22点是女朋友下班的时间,她在附近一个茶楼打工,他说自己已经等了两个小时,还有一个小时就可以见到她了。

"她知道你在等她吗?"

"知道我在等她,但不知道我给她买了礼物。"他说。

其实我很想目睹那感人的场面,但是我明白,他之所以在偏僻处等她,是考虑到她的感受,他不愿意让她的同事看到她的男朋友是个残疾人。我理解他,于是给他拍了照,向他告辞,继续散步。

走在回家的路上,夜幕中,有阵阵清风吹来,我的心里也盛开了一朵花——美丽的爱情鸟它会光顾每一个人。

2009 年 9 月

第四部分

怀　人

喜欢贾平凹

五味巷,
十多年前读《五味巷》时的激动记忆犹新,
站在巷口,
平凹写到的小柳树,已长成亭亭大树,
巷子不长,依然卖着油盐酱醋,
还有鸡鸭鱼肉水产品。

这几年,手功能有障碍,翻不成书,很少读书,但凡是贾平凹出的新书,一定会买。读上几篇他的小散文,即使不读,把书放在案头、枕边,感觉就很好。

喜欢平凹的书已有20余年。1988年元旦,上大学,到西安游玩,西安的同学送我两本书:《平凹游记选》和《平凹文论集》。不厚的两本小册子,带给我神奇的感觉,以后就成了平凹作品的忠实读者,几乎读完了他所有的书。这两本发黄的小书,我总是带在身边,从学校到工厂,从河南到深圳,从深圳到西安,又从西安带到深圳,一直跟随着我。书虽已很旧,其中一本的皮子已掉,但我还是敝帚自珍,珍藏着它们。

贾平凹的文字闲适散淡,但细细地品味后,是无尽的韵味。三毛写她读平凹书的感觉是:"给了我无数个不眠之夜,看到后来,看成了某种孤寂。三毛的书是写给一般人看的,平凹的书,是写给三毛这种真正以一生的时光来阅读的人看的……"

读平凹的书,会喜欢上这个人。1998年底,我供职的证券时报社派我到西安驻站,我很高兴。去的时候正是隆冬季节,西安街头尘土飞扬、枯叶满地跑,而深圳正是一年里最好的时节,红艳艳的紫荆花装点着街道。但我内心很愉悦,因为在这个城市里,生活着我喜欢的作家贾平凹。

刚去,住在东门外的老孙家饭庄。晚上,透过窗户,看100米外黑黢黢的城墙,很亲切很熟悉的感觉。刚稳定下来,就迫不及待地循着平凹文字的描述,去寻找那些美丽在脑海里的老地方。五味巷,十多年前读《五味巷》时的激动记忆犹新,站在巷口,平凹写到的那些小柳树,已长成亭亭大树。巷子不长,依然卖着油盐酱醋,还有鸡鸭鱼肉水

在贾平凸家的老屋前

产品。心情激动，没有犹豫，把家安在了五味巷旁，不久把办公室也迁来了附近。

一天傍晚，在五味巷附近的朱雀大街散步，与一人擦肩而过时，忽然感觉他与脑海里一个熟悉的形相似象：不高的个子，很浓的眉毛，总是低着头走路——贾平凹？西北大学有他的宿舍，朱雀门外就是西北大学，应该是他！可是人已走远，不好冒昧地去追，于是远远地看着他的背影。

2001年，贾平凹在高新区的群贤庄举办画展，我去参观。正看画的时候，拥进展室几个人，我一眼认出了贾平凹：头发已经稀少，比想象中的胖了一些。那年他已经50岁了，与我开始喜欢他的时候，已经过去了十多年，当时他才30多岁。

我忙上前说："贾老师您好，我是你的忠实读者！"递上名片，我对他说，我一直喜欢着他的文章，尤其是散文。他看着名片，用浓重的秦腔"噢噢"地应答着，露出了照片上从未见过的笑容。

我告诉他，我到过商洛，专门去看过他写的商州和州河，还去了他的老家棣花镇，参观了他的老屋，见到了给他看门的两个老人。平凹赶紧更正说："不是给我看门的，是他们没处住了，我让他们住在我家的。"一口秦腔，很认真。寒暄了片刻，他拿出他的名片给我，说："这是我的电话，以后有事多联系。"名片上印有他家里的电话和他的手机号码。

他住在西安太白路，一个普通住宅楼。这里很有名，他写作的"大堂"就在这里。第一次去拜访他，爬上顶层六楼，一开门，见客厅中央一个古朴的汉代大陶缸里，一缕青烟袅袅飘出。墙上有大匾上书"大堂"二字，是平凹的手笔，匾下面是一张硕大的书桌，这就是贾平凹大名鼎鼎的大堂呀，我知道他在此写出过许多大作品。桌子上的笔记本是打开的，看来刚才还在写作，好在时间是约好了的，不然真怕打扰了他。

三房一厅里摆满了古董,连过道上都是,有石佛,有石狮子,有陶罐,墙上的字画多是他自己的。陶罐最多,和各种石头一起随意地放在地上和博古架上,一堆一堆地。平凹喜欢这些东西,许多人就拿它们来换平凹的字画,平凹说,光石狮子他就有上千个,历朝历代都有。

书房里有一张大书案,桌上文房四宝俱全,应该是他用来写字绘画的地方。平凹的字很出名,拙中藏秀,文人气息浓厚,很受人们追捧。近年来,他的画也开始受到关注。

参观完房间,我们坐下来聊天。他人很和气,亲自给我们上茶、让烟,然后拿了一个小木凳坐在我们旁边和我们说话,完全没有照片上见到的严肃相。烟瘾很大,一根接一根地抽,不见停。他说话很慢,但说话很有意思。与我同去的同事,原来是《西安晚报》的美女记者,毕业于西北大学。平凹与西安晚报社很熟,聊了一会儿,突然说:"我在西大读书的女儿浅浅要是有你这么漂亮就好了!"同事愕然。我笑了,这正是平凹的风格,爱美女,夸人也艺术。其实,他的浅浅我见过照片,很漂亮。

后来,我们报社几位老总到西安,我与平凹说,老总们想拜访他。平凹爽快地答应了,说自己在家里等着。那天,他还高兴地写了几幅字给老总。中午时间到了,老总们想请他去吃饭,平凹推托了。我们吃过饭,在街上又碰到了他,正一个人低着头走路,见到我们,忙说:"我吃碗面去!"

过完50岁生日之后,平凹才情勃发,这几年来,他更加活跃了,一本一本地出书,散文、小说、书画集,百花齐放,万箭齐发。叫人惊奇的是,50岁以后的平凹,又写出两部长篇小说《秦腔》和《高兴》,其中《秦腔》2008年获茅盾文学奖。他现在是中国当代作家中作品最多的作家。

2009年11月

想念叶鹏校长

毕业前的一天，
叶校长对我说：
"石新荣，咱们照张相吧！"
于是我挨着校长，
留下了一张珍贵的合影。

20多年前，我在伊洛河畔的一所师范院校读书，叶鹏教授是这所学校的校长。生命历程中，叶校长是影响过我的人。

叶鹏校长是名人，刚入校，我就听说了他的故事。少年才子叶鹏，读复旦大学时，就发表了有影响的文学评论。1956年大学毕业，20岁出头，他就被打成右派，发配到河南省孟津县的农村，当了一名小学教师。在农村教育战线上，20年里他跑遍了孟津县的乡乡村村。1983年，他当了洛阳师专（洛阳师院的前身）的校长，在这个岗位上耕耘了15年，他是教育战线上从小学教到大学的"完师"，获得曾宪梓教育基金奖一等奖，是六届全国人大代表。

开学典礼上，叶校长给我们报告的题目是"把人字写端正"。他

1996年去叶鹏校长家看望他

说,教师是太阳底下最光辉的职业,现代文明从三尺讲台出发,课堂上学生一刹那明亮起来的眼睛,是对教师最大的奖赏。他嘱咐我们为人师表,一定要把人字写端正。那一天,我第一次正视自己的师范职业,不由得挺直了腰板。

山不在高,有仙则名,水不在深,有龙则灵。因为叶鹏校长,我喜欢上了这所学校。正是容易崇拜偶像的年龄,坎坷而自强不息的叶校长成了我的偶像。

我竞选上了校学生干部,学习,工作,读书,我满怀激情,像陀螺一样在校园里旋转着。为了一个系列学术讲座,我找校长希望他开第一讲,叶校长答应了。校长的讲座吸引了许多同学,之后系列讲座火了起来,每周一次,各系老师纷纷登台,受到同学们欢迎。洛阳牡丹花会期间,叶校长利用自己的人脉关系,邀请了许多文化名人来校做报告,同学们停课专门听报告的盛况至今难忘,作家蒋子龙、表演艺术家裴艳玲等人的报告留给我们深刻的印象。

学校不大,但环境优美。唐风建筑的校门,巨幅唐三彩壁画装饰的门廊,草坪和花坛里写有唐诗宋词的诗牌,美无时无处熏陶着我们。学校重视校园文化建设,电影《红高粱》上映完,学生会想举办一场《红高粱》研讨会,叶校长大力支持,亲自参加发言。夏日的傍晚,在学校灯光球场上,师生和家属人山人海,主持研讨会的我心里惴惴的,旁边的叶校长微笑着鼓励我。研讨会很成功,后来成为师生们津津乐道的盛事。在校长的鼓励下,我们多次举办文化热点研讨会,还新成立了一些社团,学校文化生活活跃。

叶校长是著名的作家和文学评论家,他是中国作家协会会员,是洛阳市作协主席。青年时期,他就发表过一些著名文学评论,改革开放以后,他对河南一些中青年作家极力鼓励,是新文学运动的鼓吹者。他的妹妹叶文玲,也是著名作家,是伤痕文学的代表作家之一。叶校长本人在学校十分重视校园文学人才的培养。

高年级同学毕业前,中文系把洛风文学社和一本油印刊物《原上草》交给我负责。在叶校长的鼓励下,编辑部同学和一位老师,把它办成了8个版面的铅印报纸《校园文学》,叶校长请冰心老人题

校系领导与《校园文学》编辑合影,前排右二为叶鹏校长

写了报头,据说这是全国高校里第一张铅印的文学报纸呢!《校园文学》培养了许多人才,有的从此走上了文学创作和新闻工作之路,在《中铝建设报》,包括我在内就有四位编辑记者来自《校园文学》编辑部。作为《校园文学》的第一任副主编,我很荣幸。

"读书无他唯求痴,作文有我不是狂。"离校前,叶校长写给了我这样两句话。于是,在离开洛阳前,我把身上所有的钱买了书,我想,不管我在哪里,我将像当年的叶校长一样,成为知识分子中的强者,不虚度光阴!

毕业以后,无论遇到多么大的困难,我没有退缩过,没有消沉过,因为我心中有一盏明亮的灯。我感谢青春时代的那段大学生活,感谢叶校长。

1996年,我应邀参加了他执教40年的庆祝活动。1999年,在我们毕业10年聚会上,又见到了叶校长,刚刚退休的他依然很忙碌,在报纸上开专栏,经常应邀外出讲学,他仍然是一个爱的使者和美的传播者。我问起他的健康,叶校长幽默地说,检点五脏与六腑,无病唯独是良心!他邀请我去他家一叙,但因为时间太紧,我那天未能抽出时间与他长叙,至今感觉遗憾。

受伤这几年,我经常会想起叶鹏校长。前不久,同学毕业20年聚会在洛阳举行,我请一位同学代问叶校长好,同学说,叶校长的精神很好,得知我受伤的消息,他十分震惊,动情地说,石新荣是他难忘的学生,相信他是坚强的!

"洛阳师友如相问,一片冰心在玉壶。"那天,我把这句修改了的古诗词挂在了我的博客上,虽然远隔千山万水,我依然想念着母校,想念着叶鹏校长!

2009年9月26日

老 莫

> 末了,老莫摇摇晃晃地站起来,
> 指着校门里的闻一多像说:
> "我诅咒金钱,我要做闻一多第二!"

老莫其实不老,今年也就 30 来岁。但老莫得此称号已有 20 年。那时我们还上中学,老莫戴一副厚厚眼镜,一个老夫子模样,同学们便叫他老莫,他也欣然。

一晃多年过去,老莫的学历不断走高,从大学到硕士研究生再到博士,但他老夫子的形象不变,同学相聚,老莫留给大家的感觉依然老夫子味道很足。

每年春节,我们在外地上学、工作的同学回到故乡,总要互相联络一聚。老莫从不主动联系,都是同学叫他。每次聚会,他也参加,但不侃侃而谈,总是谦虚地聆听。与活跃在政界、商界、新闻界的同学相比,老莫的确太不起眼,久而久之,大家也习惯了,老莫是另类,同时也理解,人家还是未走出校园的学生嘛!

一次我到武汉采访,抽时间去武汉大学看老莫。老莫正攻读文学博士。晚上,我们在武大门口的啤酒摊上喝酒,也许是高兴,也许是喝高了,老莫的话匣子突然打开,狠狠抨击了时下物欲横流、金钱至上的

作者(左)和老莫在一起

社会现实。末了,他摇摇晃晃地站起来,指着校门里的闻一多像说:"我诅咒金钱,我要做闻一多第二!"作为一名在经济领域浪尖行业活跃的财经记者,那天,我感觉老莫的确有点酸。

一年春节,同学聚会,老莫迟到,大家便等他。半天,老莫和女朋友赶到,看主座有俩空位,老莫也不谦让,一屁股坐下,浑不知江湖上客套谦让的规矩。已在社会上混迹多年的在座同学,先是愕然,随后发出会心的笑声——快20年了,老莫还是原来的老莫啊!

2002年秋,我因车祸造成四肢瘫,不久,转到广东从化温泉的一家康复中心进行治疗。一天,老莫打来电话说,从同学那里知道我来广东了,他准备来看我。当时老莫已经毕业,在广州暨南大学教书。我听后也没什么特别的感觉。

周末,老莫坐了两个多小时的大巴来到医院。寒暄了一会儿,他劝慰我说:"心情要放宽,有书看、有时间也是一种幸福,瘫痪了没有什么了不起!"我听后吓了一跳:一个自我感觉责任感较重的人,突然间什么都承担不起,变成废物一个,还拖累他人和社会,真是生不如死!而老莫竟然认为没有什么!我摇摇头,心里想:真是书生啊!那一天,我们随便地聊着,老莫到很晚才走。

没过多久，老莫又来了，这回带来几本厚厚的《约翰·克利斯多夫》和一个乐谱支架，说："这样看书方便。"其实，我那时候哪有心情看书。

以后，老莫常过来，来时总不忘带点东西，书籍少不了。此外，一次带了个紫砂电汤煲，正是我需要的。还有一次，他带来了一包蜜制核桃仁和一盒祁门红茶，这叫我眼睛一亮，内心突然感到了一丝久违的浪漫。

老莫还带着他的新婚妻子文燕过来。文燕是老莫在西南师大时的学生，后来老莫到武大读博，文燕也考进武大读研，毕业后两人都应聘到广州暨南大学。那天吃饭时，老莫先给文燕夹了一筷头菜，文燕嗔怪道："应该先给新荣夹嘛！"老莫不好意思地一笑，说："攘外必先安内呀！"幽默的话，引来大家一阵笑声。那一整天，他俩走路手拉手，说话风趣幽默，这可是只在文学作品里看到的呀，我心里暗暗地为他们高兴。

以后，我便像盼亲人似的，盼望老莫他们过来。而老莫也仿佛把看望我当成了自己的任务，若时间隔得稍长一段没有来，他又是道歉，又是解释。

我们附近有一个小的农家乐，环境幽静，隐藏在山脚下的竹林里，我和老莫喜欢坐在竹阴里，背靠青山，面对清澈的流溪河，吃着走地鸡，喝着荔枝酒，天南地北地聊天。那时刻，我忘记了伤残，感觉心情少有的轻松和快乐。

有段时间老莫没有来了，我也挺想念他的。一天，我和太太决定，到广州去看老莫，也正好出去散散心。我们坐车到了广州，老莫电话里问："想吃什么？"我太太说："我们请你俩！"老莫说："不行，我请你们。"我太太说："咱们不争了，见面再说。"老莫执拗地说："不行，一定要说清楚才行！"最后我们只好妥协。我太太感叹道：

"这就是老莫的风格啊,太认真!"

那一天,我点了我向往已久的火锅。老莫带我们去,不巧店家在楼上。这轮椅可怎么上呀?我正犯愁,老莫已叫来一保安,不由纷说地抬起我就往楼上走。于是,我像皇帝似的被抬着,来到了火锅店。

2004年,我从医院回到了深圳的家,我太太又开始工作了,我的儿子也从老家接回,一家人终于团圆。我捡起了一些爱好,比如看美展、淘瓷器、听音乐、养兰花、养金鱼,玩得津津有味。逐渐地,我理解了当年的老莫,是啊,生活如小孩看蚂蚁搬家,个中趣味自己知就行,管他屋外春夏与秋冬。逐渐地,我不喜欢了应酬和交际,更讨厌探讨所谓事业、金钱的话题,对亲情、友情和个人情趣日渐看重。

今年春节后一天,老莫打来电话,说他和文燕要来深圳看我。我当然十分高兴,早早地定好餐厅,早早地约好在深圳的同班同学,拿出自己收藏的一瓶冰葡萄红酒。

餐后回到我家,我们继续喝茶、谈文学、谈艺术、谈生活、谈幸福,还谈养鱼,我发现我们共同的话题很多。老莫侃侃而谈,滔滔不绝,妙语连珠,全然没有了同学聚会时的木讷。说起当年在武大门口那一幕,老莫竟脸红了,不好意思地说:"那时太书生气,太幼稚。"他还说,他现在要花很多时间研究诸如生源、效益等这些过去认为很俗的问题。

那天我才知道,年轻的老莫已是暨南大学汉语系主任、研究生导师。几年前,他到从化看我的时候,已是系里主抓学生工作的副主任,他著述颇丰。这些,老莫从没有告诉我。

老莫返回广州了,我在想,老莫身上展示出来的谦逊诚恳、真实自然、认真负责的品质,不正是我们这个浮躁的社会所缺少的吗?

2007年8月

快乐的涟漪

友情真的很美好，
人生缺少了友情，
的确是很大的遗憾。

几天前，接到中学同学老莫的电话，说给我的博客写了篇文章。我乐了，看老莫的文章不容易，毕业 20 多年了，我仅见到过他的一篇文字。

那是十多年前，我在中州铝厂，我们编的一本企业文化的文集出版了，我寄了一本给老莫，请他指点。正在西南师大中文系读研究生的老莫，写来一篇评论，赞美了中铝的创业精神，对文集评价很好。我读后心里热乎乎的，把它发表在《中铝建设报》上，这就是毕业后我读过的老莫的仅有的一篇文字。

老莫在读河南大学中文系时，听说写了许多诗歌，我很想看，但他总说写得不好，不肯拿出来。后来他在武汉大学读博士，我去看他，他正在写毕业论文，是有关胡风研究的文章。后来我问起这篇文章，他说收在一个文集里出版了，我向他索读，他又说不好意思拿出来。今年春天,我去广州,在他暨南大学的家里,我又问起他的著述,想看看,他再次推托掉了。那时他已经是暨南大学华文学院的副院长了,带着研究生,听说写了不少东西。

想想,20年了,我只读过他的一篇小文,唉,这个老莫确实很怪!

那天打开邮箱,他文章的题目是《他比我们更健康》。文字轻松优美,结构严谨,体现了他作为文学博士的功底。他引用了许多我博客里的文字,紧扣我的心路历程进行点评,读来亲切、温暖。我没有想到的是,他竟然那么仔细地读了我的全部博文!

我开博以后,老莫给过我很多宝贵的意见。我原来做财经记者,文字简炼有余,生动不够,作文缺少细节描述,喜欢用简练的文字容纳最大的信息量,文笔太概括,这一点老莫提醒了我。我的有些文章内容繁杂,削弱了主题,老莫指出来后,修改后,效果果然出来了。有一段时间,我很想尽快结个集子,老莫说不要着急,再多写一些,厚实一点。他的意见对我帮助很大,这个年龄了,人一般不愿意给别人提意见,老莫能直言不讳地指出我的问题,我十分受益。

老莫在文中说我是他的老师,岂敢!中学时的两个文学爱好者,一个修成了正果,成为了中国诗歌评论界少有的博士。我虽然做过记者,但已属于江湖人士,从事的证券新闻工作,注定了我与阳春白雪的文学巨大的距离。其实我很羡慕老莫,尤其这几年,每接触他,他身上的书卷气都叫我陶醉,他的工作很雅致,他的校园很雅致,而雅致愉悦的人生,不正是人生最高最美的境界吗?

今年春天,我去广州,在暨南大学幽静而美丽的湖边,老莫请我吃饭,席间他问我,有没有写小说的打算。我说没有想过,因为小说要有矛盾冲突,要反映真善美,还要揭示假恶丑,而我现在的情感不愿意触及后者。

老莫又建议,最好写写我受伤最初的那段日子和我的太太。这两块内容,不是我不愿写,在我心底放着,分量很重,但我不愿动笔,心会很痛,因为自己还没有完全走出阴影。从广州回到深圳,趁着春天美好的心情,我决定用10篇文章来打开那段尘封已久的日子,可是,当我一气写完5则以后,就不愿意往下进行(后整理成了一篇《住院记事》),往事不堪回首啊!文章挂上了博客,我不愿再去看,看来心里的阴影依然很重!

不过老莫的提示我一直记得,他的话使我意识到,我后面要做的事情可能会很多,可能更有意义,我希望自己最终战胜自己,不辜负宝贵的人生经历,能够创作出一部小说。

那天傍晚,读完老莫的文字,我很快乐,也很温暖。友情真的很美好,人生缺少了友情,的确是很大的遗憾。老莫的这篇短文,在我心里激起了一圈圈快乐的涟漪。

2008年11月

六 爷

>六爷戴一顶瓜皮帽,
>长一把山羊胡子,
>慈眉善目的。
>每天,跟着六爷给牲口喂料,
>看牲口在院子里晒太阳,
>我快乐得像一只小狗。

六爷是我儿时记忆里最令我思念的人。

我小时候生活在新疆,7岁时,家随单位迁往河南,途经甘肃老家时,全家在老家住了半年。

老家地处黄河上游洮河岸边的一个小村庄,村子有个好听的名字,叫沙塄古城。远远看去,古城掩映在一片浓密的树林中。印象深刻的是村头几棵老榆树,树干高大遒劲,枝叶茂盛,据说有上百年历史。离老榆树不远,就是生产队的饲养场。我的六爷住在饲养场里,他是生产队的饲养员。

爷爷家不够住,我跟六爷住。六爷戴一顶瓜皮帽,长一把山羊胡子,慈眉善目的。每天,跟着六爷给牲口喂料,看牲口在院子里晒太阳,我快乐得像一只小狗。喜欢和六爷到老井边饮牲口,骡、马、驴、牛排成长队,甩着尾巴从大榆树下走过,我拿个树条跟在后面,乐颠颠的。一次,想骑驴,六爷挑了一头老实的母驴让我骑,驴一跑,我从驴背上掉了下来,把六爷吓坏了。

晚上,听六爷讲故事,是一天里最盼望的事。六爷的大土炕烧牛粪,格外热。晚上,我趴在热被窝里,六爷吸着旱烟,津津有味地讲他的故事。六爷年轻时做过马帮,到过很远的地方。那时,英俊的六爷骑着高头骡子,神气活现地走南闯北,每讲起这些,六爷眉飞色舞。沿途的奇遇听得我入迷极了,每晚,我都在浓浓的炕烟和旱烟中,听着六爷的故事进入梦乡。

早晨,六爷早早起来,生着炉子,煮上罐罐茶,估摸着时间差不多了,叫醒我。喝着浓酽的苦茶,吃完一块锅盔,我背上书包往学校跑。正是冬天,到了学校天还没有放亮。有一次天已大亮,校门还不开,我拿石头敲铁门,半天,睡眼惺忪的看门老头出来对我吼,今天是礼拜天!

那时,刚上一年级,不喜欢上学,整天盼望着放学后和六爷玩。很快,知道了许多牲口的知识,如驴骡、马骡的区别,如夜里要给怀驹的牲口加精料等,还和六爷半夜给大牲口接过生。在羊的产羔期,我们半夜起来,抱出羊圈里刚出生的小羊羔,防止被大羊踩死和冻死。

在外面疯玩,我的手冻伤了,开着口子,肿得好厚。六爷带我到洮河边,用河里的冰珠搓洗我红肿的手。起初钻心地痛,洗了几次,手竟神奇地好了,从此再没有冻伤过。

那时候食物匮乏,六爷总能从炕洞里变出好吃的东西。面团加了香料放进鏊子,埋进炕灰,第二天就是喷香的锅盔。土豆放进去,过些时辰拿出来往地上一摔，裂开的口子冒着热气，香味扑鼻。把蚕豆倒进热灰，一顿饭工夫就熟了，装在口袋里，想吃就丢一颗在嘴里，嘎崩响。有时候抓到禽鸟，开剥后抹上盐，用泥一裹放进坑洞去烤，泥干透时取出来摔开，肉未进嘴，口水已流了出来。

最热闹的要算过年，过年最热闹的是过正月十五。十五晚上，天一黑，家家院子里便燃起一堆篝火，男女老少从火上跳来跳去，人们希望烟火烧去晦气，给来年带来兴旺和好运。老年人被年轻人架着，也从火上飞过。跳完篝火，各家就给孩子点燃火把，小孩们抱着火把往河滩跑。我扛着六爷扎的火把，也跑向河滩。河滩里，远远看去，像一条火龙在游动。跑得越快火把越旺，引来观看者大声的喝彩。我满头大汗，连火渣子掉进脖子里也不知道。

春节过完，我们全家要回河南了，我哭得死去活来，舍不得六爷。六爷送我们到车站，一路上紧紧拉着我的手。车来了，六爷把两个锅盔和两元钱塞到我手里，他白白的山羊胡子在抖动。车开出去老远，我看见六爷还站在路边。我抱着两个锅盔，哭了一路。

到了河南焦作，我们暂时住在市里一家旅馆里。那些日子，我想念六爷，天天站在马路边，看着过往的马车、驴车、牛车，想六爷和饲养场里的那些牲口们。

上五年级的那个暑假，我终于可以回老家了！坐在火车上，我兴奋得睡不着觉，20多小时一直睁着眼睛看窗外。见到六爷的一刻，我哽咽了，说不出话来。六爷抚摸着我的头，慈祥的眼神还像当年。六爷已不再饲养牲口，生产队的牲口分给了各家，饲养场也荒废了，堆着麦秸和玉米秆。六爷没有闲着，他在自己的土地里劳作着。六爷没有儿子，有几个闺女，他和她们一直分着过。那次回老家，我总爱往六爷的院子里跑。

后来我上高中时，去老家县城的中学读了不到一年的书。寒假我去看六爷,见到六爷,我心里很难过。六爷的身体明显不如从前,他种着地,自己做饭。天下着雪,他单薄的身体弓得低低的,自己拉架子车到很远的洮河边取水。在他空落落、阴暗的屋子一角,放着一口白森森的棺材。六爷指着还未上油漆的棺材,高兴地对我说,没有什么可挂念的了,该准备的都准备好了!我听后鼻子酸酸的,忍住泪水不流出。

那天,我打开带来的罐头,让六爷坐在炕上,我夹给他吃。六爷没吃两口,就招呼在屋里玩耍的两个外孙子来吃,他夹罐头的时候,我看见他的手抖得很厉害。临别时,我跪下来给六爷磕头,眼泪就吧嗒吧嗒地掉在了地上。

不久我回到了河南,但十分想念六爷。在繁忙的功课之余,我写出了我的第一篇短篇小说《魂兮归来》,讲述了一个孩子想念他故乡爷爷的故事。

不久,六爷去世了。

六爷去世的时候,我还在上学,我知道消息的时候,他已经去世有半年了。

工作后第一年,我回了老家。六爷已经不在了,我爬上高高的坪上去看六爷。在小小的黄土堆里,躺着我的六爷。我给六爷敬酒,点烟,上点心,我点燃纸钱,跪下来给六爷磕了头。山风吹过,燃着的纸灰满坡飞,我想六爷一定看到我了,他收下了我给他的献品。那天,我在六爷坟前坐了很久。

以后我每回老家,都要去给六爷烧纸。最后一次是2002年的清明节,我在兰州出差,就拐到老家的坪上给六爷烧了纸。

2002年秋,我因车祸瘫痪,这几年再没有回老家。前年,我父母带我儿子回去,儿子是第一次回老家,临行前,我给他讲了我和六爷的故事,嘱咐他给太爷、太奶烧纸的时候,一定替爸爸到六太爷的坟上,给六太爷烧些纸钱。儿子照办了。

六爷的坟上没有立碑,我在想,自己给六爷立块石碑该多好啊!父亲计划明年清明节回老家,我想让他代我给我六爷把石碑立上,可我不知道六爷女儿们的意见,我不知道我的这个愿望能否实现。

2007 年 11 月

并非小说

> 很多年了，我总想起那个老头，
> 他频繁地叩击我的记忆，
> 叫我不能平静。

很多年了，我总想起那个老头，他频繁地叩击我的记忆，叫我不能平静。

那是七八年前，我还在西安。我居住的小区有一家小小的理发店，我儿子四五岁，每次剪头，我都带他到这家小店。

店里有两位师傅，一位是六七十岁的老头，一位是二十岁出头的小伙子。老头年纪大了，手抖得厉害，眼神又不太好，理出来的头总是坑洼不平。

一次儿子要理发，我正忙，就让他自己去，我嘱咐儿子，假如是大哥哥在就理，假如是老爷爷在就回来。

过了一会儿，儿子回来了，说大哥哥不在，老爷爷在。儿子说老爷爷要给他理，他说不，还说，我爸爸说了，爷爷老了，理得不好，要等大哥哥来了再理。

我心里咯噔一下,怪儿子说话不妥。

过了几天,我又带儿子去小店,本想给老头解释一下,而且打算这次专门让老头来理,可是进了店,小伙子告诉我,老头在已经回农村老家了。

"为什么呢?"我问。

"老了呗,他觉得干不动了。"小伙子说。

我心里一沉:是不是孩子不懂事的一句话刺激了老人家,他才决定离城回家?

后来,我打听过几回老头的消息,小伙子都说不清楚。

再后来,我常想起这个老头。在我受伤住院期间,在高烧的混沌中,我还恍恍惚惚地想起他,并把这个故事讲给身边的人听。

2007 年

从心站起——我的行走笔记

画　缘

三个月后,老权又来了,
我虽然没有站起来,但他的那句话,
叫我这三个月充满了希望。

我真正喜欢书画是从认识老权开始的。

那年我在西安工作,有朋友托我买一幅西安画家王西京的画。一天,我在西安画廊集中的书院门找寻,见到一位也在画廊看画的中年男子,他对我说:"我家里有他的画,要不要去看看?"

他家就在附近,走进门,一股书香气扑面而来,客厅四面墙上挂的都是字画,雅致舒适。他自我介绍说,他姓权,喜欢字画收藏,下一步准备开自己的画廊。

我看了他收藏的一些字画,虽然没有找到我朋友需求的画,但他丰富的收藏令我大开眼界,特别是墙上挂的一副《双鹤图》印象深刻。回到家后,那幅画营造的气氛一直萦绕在脑海里,了了的几笔线条,就勾勒出仙鹤高洁的气质和不凡的气度。几天后,我忍不住又去老权家看画,重新感觉它,的确不同凡响,房间因为它有了浓郁的书卷气。

"好美啊！"我暗暗赞叹。

"这是王子武的画，属长安画派。"老权介绍。那一天，我记住了王子武这个名字。

看我喜欢，他指着画说："你可以拿去挂两天，喜欢了就留下，不满意还拿回来。"我很吃惊，这可是值钱的艺术品呀！他却轻松地说："尽管拿走，没有关系！"于是，没有写条子，没有留押金，他只凭我的一张名片，就让我把画带走了。两天以后，我决定把画留下了。

一天，老权的一位朋友对我说："你把西安城里王子武最好的一张画拿走了！"那天我才知道，老权的这张《双鹤图》在西安书画收藏圈子里还颇有知名度呢！

淘着了好画，老权又给我留下了好印象，我感觉很愉快。闲暇时我喜欢找他聊天，看字画。

老权很有人缘，身边总有一帮朋友，他们津津有味地在一起看画、谈画。渐渐地，我对字画的兴趣也浓厚起来，买来一些画集和拍卖图册翻阅、品味，感觉其乐无穷。西安凡有美展我都去，逛画廊的兴趣也浓厚起来。还认识了西安书画界的一些人士，常去西安美院几位中青年画家的画室聊天，兴致盎然地聊到半夜，回家，梦中又是画。因为画，我的圈子扩大了，业余的生活丰富了。我在西安的家里，墙壁上也开始有了色彩。

2002年秋季的一天，我正在路上，老权打来电话说，请我上他家吃饺子。我说正在出差，过两天回来后去找他玩。不想，就出了车祸。

老权来医院看我的那天，我印象很深，正是我最痛苦绝望的时候，好像自己正划向死亡的边缘。老权进来了，捧着一只玻璃花瓶，清汪汪的水里插着几支百合花，洁白的花朵发出浓郁的香气。他捧起我的手,看了看我的掌纹,然后斩钉截铁地说:"三个月后必能站起来,三个月后我还来看你!"

老权的话给了我很大的鼓舞。他走后,我叫家人把那瓶百合花放在我床头,每天我看着它,闻着它的芳香,心情好了许多。三个月后,老权又来了,我虽然没有站起来,但他的那句话,叫我这三个月里有了希望。

2003年春节前,我出了院。一个大雪飞扬的日子,老权来到我家,他告诉我,他的"大人物画廊"要开张了,他说开张的时候他抬我去参观他的画廊。他说牌匾是黄胄原来的手书。那天我真的很高兴,尽管当时我连坐立都困难,但他的邀请给我很大的温暖,提振了我活下去的心劲。

春节后,我要到广州从化温泉进行康复治疗,老权来家里送行,他送了一副贾平凹的字给我,说作个纪念。他还帮我把家中墙上的画框拆下,把画包装好。我父母说,把画退给他吧。老权说,若不要,随时可退,可以按市价,可以按原价,取其高。我心里一热,这可是我在西安生活的一段纪念啊,画里包含着珍贵的友谊,我怎么舍得退回呢?

回到深圳后,一天,老权打电话说,他到深圳办事,抽时间来看我。我很高兴,专门找了车亲自到酒店接他,还约了几位爱好书画的朋友一起吃饭。席间,老权谈佛教,谈道教,谈收藏,知识广博,妙语连珠,给大家留下了深刻的印象。餐后出门,老权得知其中一位爱好书画的朋友是某公司的老总时,坚决地从车上下来,把随身带来的一幅王子武的多吉图送给了他,请他多关照我们。

不久,老权的"大人物画廊"网页也开通了。听西安的朋友说,他的画廊起步晚,但势头猛,非常火。我相信,凭着老权的性格、眼力和魅力,他的事业一定会越来越兴旺。

如今,在我家的墙壁上,那几幅画每天带给我很多的快乐,使我爽心悦目,我从画中感受到了生活的温馨。虽然它们价格上涨了许多,但我依然珍藏着而且会到永远。

2007 年 8 月

花 蕾

从心站起——我的行走笔记

> 那一刻,面对着这个如花蕾般美丽的小姑娘,
> 我心里生出了一丝悲哀。
> 后来我想,不知道那天她的那句话是不是真实的。

病区楼里来了一位漂亮的小姑娘,十四五岁的样子,白皙的皮肤,窈窕的身板,眼睛明亮机灵,在康复中心这个沉闷的残障世界里,小姑娘像一股清新的风。

经常看见她去市场买菜,到煲汤间煲汤,看来是哪位病友的孩子,利用暑假来帮助家人。

快开学了,她还没有走,仍然出现在楼里。一天,我向护士打听小姑娘的情况,护士说,她的妈妈受了工伤,成了植物人,她和爸爸一起照顾妈妈。护士说,她可能要休学了。

那天晚饭后,我来到护士站,请护士帮我叫来小姑娘,我想与她聊一聊。小姑娘来了,站在我面前,怯怯地看着我,露出疑惑的神情。我请她坐下,问她:"快开学了,为什么不回去上课呢?"小姑娘回答说,她不准备上学了。"为什么?"我问。她说要和爸爸一起在医院照顾妈妈。

我的担心果然被猜中了。在工伤病人中，大部分是青壮年时期受伤，随着家庭支柱的倒下，家庭往往会发生巨变。许多病友受伤以后，爱人辞了工，孩子辍了学，整个家庭由此搁浅。

小姑娘告诉我，她的爸爸妈妈在东莞打工，她和弟弟从小在湖北爷爷奶奶身边，妈妈今年受了伤，爸爸一人在照顾她，暑假她过来帮助爸爸照顾妈妈，她不打算上学了，以减轻爸爸的负担。我问她，这个决定是爸爸的意见还是自己的意见，她说是她自己的意见。

小姑娘很平静地对我说这些，能看出她的想法已定。14岁的年龄，和我的儿子一样大啊，在我心里，我儿子上学的路还很长，而她已经失学了。我对她说："你应该继续上学，因为只有教育才能改变一个人和一个家庭的命运，我相信，你的母亲如果清醒的话，她也不主张你终止学业。"

小姑娘疑惑地看着我，说："我的妈妈病成这个样子了，难到我和爸爸一起照顾她不应该吗？"

我激动地对她说："你妈妈受伤已经是家庭的不幸了，如果你早早辍学，才是家庭最大的不幸。你想了没有，你改变不了你妈妈的状况，而你这样的结果，使自己早早进入社会，成了长不大的小树，你的圈子你的视野你的道路将和父母一样。你如果好好读书长成大树，才体现你对家庭的责任，只有这样你才有能力庇护你的家庭，外面的世界很大很精彩，你要走出一条新的路来……"我一口气说了很多，越说越激动。

小姑娘睁着圆溜溜的眼睛看着我，说："我自己已经决定不想上学了，我不喜欢上学！"说罢，她的眼帘垂了下来。过了一会儿，又低声说："我要照顾我妈妈。"

我不再多说,本想找她的父亲聊一下,听到她的这句话,我也放弃了这个想法。面对这个如花蕾般美丽的小姑娘,我心里生出了一丝悲哀。

八月底我出院了。出院的那天早晨,车启动的那一刻,我一眼看见小姑娘站在车窗外向我挥手,我也向她挥了挥手。后来我想,不知道那天她的那句话是不是真实的。

2010 年 1 月

美丽的女人

> 秋给我打来了电话,
> 仔细询问我在广州的生活和治疗情况,
> 每次都十分关心我的情绪变化。
> 这种真实的友情是我当时最需要的。

秋是个美丽的女人。几年前,她是陕西一家著名股份公司的董事兼董事会秘书,负责公司的上市工作,她使公司成功登陆A股市场。

我是在他们公司上市过程中与她相识的。那时她三十来岁,气质干练而优雅,人长得很白皙,眼睛闪着光彩,说话时脸上洋溢着阳光般的笑。

作为证券报纸驻西北记者,我经常和西北上市公司的董秘们相聚,秋还是积极分子呢!

2002年春节后一天,我去拜访秋。打通了电话,却传来她微弱的声音,她说自己正在住院。我立即赶了过去。

活跃的秋此时躺在病床上,十分羸弱的样子,手上、鼻孔里插着管子,见了我,勉强露出了一丝笑容。原来,在几天前她发烧,到医院一检查,竟然是肾病综合症。

"情况若好的话能够维持,若不好就要换肾。"她说完,我愣住了,一个好端端的人,怎么一下子得了这么严重的病?人生无常啊!

以后我经常跟她通电话,聊聊天,因为我知道,一个忙碌惯了的人,突然躺下来,一定很寂寞。事实也的确如此,每次通话,我都能强烈感受到她迫切与人交流的愿望。而我呢,经常把证券市场以及外面的一些新闻讲给她,鼓励她安心养病,争取早日回归社会。不久以后,她从医院回到了家里,一边休养,一边定期去医院复查治疗。

一天,我接到她一个电话,她显得情绪很低落,没说两句就抽泣起来。那天,她电话里向我讲述了自己的故事。

原来她一直独身,有个刚小学毕业的女儿。丈夫和她是西安交大的同学,后来患癌症去世,去世时女儿才两岁。这些年,她抚养着女儿,个人问题始终没有去考虑。但就在两年前,一位在工作中认识的人,是国家某部委的一位处长,突然到西安来,要求见她并向她求爱。此时孩子已上小学,她也有一个愿望,给孩子营建一个完整而温暖的家。不久以后,他们开始恋爱了。应该说恋爱的日子很甜蜜,对方事业心强,仕途一帆风顺,而她也憧憬着并开始着手在北京组建自己甜蜜的小家庭。

然而就在这时,她发现他们之间竟然还有第三者!震惊之下,她失去理智地吞服了一瓶安眠药。由于抢救及时,她脱险了,可是这场波折给她身心造成的创伤久久不能愈合。

听着她电话中的哭诉,我感到十分震惊。相识这么多年,竟然头一次了解这些,而她讲出的这一切,与整日充满阳光、洒满欢笑、积极向上的秋怎么也联系不起来啊!

我劝慰着她,约她在身体允许的情况下,出来一起吃饭。她显得特别高兴。那一天,我们见面了,和上次相比,她明显地发胖了。

"吃激素的结果,原先的衣服都不能穿了。"她苦笑着说。

坐下不久,她的眼泪便流了出来。我能感觉到她的精神非常痛苦。疾病的压力,脱岗后的不适应,更大的痛苦是那场失败的恋爱,她依然沉浸在浓重的阴影里,不能自拔。

那一天,我更多地是作为一名听客,因为,她太需要倾诉了。

流了很多泪,说了很多话,她显得轻松了起来。

我安慰她说,人生如滚针毡,许多滋味都要去体味,回避不了,不过这也是财富。我向她讲了大红大紫的刘晓庆因税案刚刚被拘押的新闻。我说,人生无常,但要有信心!

以后,我们打电话的次数增多了,每次通话的时间也变长了,我时而还请她出来吃饭,每次我都是认真当好一名听众,因为我知道,昔日的美人不愿见熟客,更不愿意传播自己的感情痛苦,她已把自己完全封闭。

我告诉她说,时间会淡化一切,朋友们都盼望着她早日康复。我还说,需要我们记者站帮忙的地方随时来电话,千万不要客气。

万万没有想到的是,2002年10月,一场意外交通事故造成我颈椎脊髓损伤,导致四肢瘫痪。

我怎么能够接受这个现实呢!那段日子,我静静地躺在床上,天天盯着天花板,陷入极度的悲伤中。

很多朋友到医院看我。秋是在我刚住院时来看我的,情形我已记不清。第二次来的时候,是我住院两个多月。那天,我正在练习坐轮椅,软绵绵的我虽然只坚持了十多分钟,但我很高兴,我对她说:"这是一个值得纪念的日子!"

那天,秋在我床前坐了很久,快乐地与我聊天。后来,我看到她吃力地用床头顶着腰,才坚决劝走了她。能看得出,她体力依然很差,她说她极少出门。

2003年春节后,我要到广州做康复训练,父母和孩子仍留在西安。临行前的那天下午,正当一家人沉浸在离别的悲伤中时,秋突然来了,她爽朗的笑声和阳光般的气息,一改家中悲伤的气氛。她买了一些半成品的菜肴来。多么细心的女人啊,那顿晚餐,直到今天滋润我心田。

到广州从化温泉后,虽然这里风光如画,可在康复中心,当看到多年的病友依然坐着轮椅,我感到了彻底的绝望。那段日子,我不愿跟外界联系,不愿锻炼治疗,每天躺在床上,看着窗外的大山和山顶天空中一条航线上掠过的一架架飞机,心灰意冷。

然而同时,我又十分渴望外界与我联系。秋给我打来了电话,仔细询问我在广州的生活和治疗情况,每次都十分关心我的情绪变化。这种真实的友情是我当时最需要的。人之所以痛苦地活着,是因为世上还有叫你留念的东西。友情和亲情同样重要,有时候友情的力量甚至大于亲情。

在家人和许多像秋这样朋友的关心鼓励下,我逐渐振作了起来,坚持康复训练,而我和秋的通话内容也增加了我们各自进步的好消息。

一年后,我康复结束,身体状况和精神面貌都有大的改善,我终于从医院回归家庭。

而秋也不断传来好消息,她参加了香港理工大学MBA班并顺利拿到了学位。

2005年,她终于重返工作岗位,负责着集团公司的人事工作。那一天,当从电话里听到她忙碌的声音时,我由衷地为她感到高兴——回归社会,这可是我和她曾经的梦想啊!

2006年夏季的一天，我接到她的电话，她说要到广州开会，说自己要到深圳来看我。在电话中她充满了喜悦，还告诉我，因身体原因，她很少出差。

那一天深圳刮台风，而且是深圳少有的暴雨天。我早早地坐着轮椅在楼下等她。暴雨中，秋打着一把花雨伞款款走来，依然风姿绰约，依然楚楚动人，透过雨雾，我老远就看到了她充满阳光的笑脸。

"有朋自远方来，不亦乐乎！"我高兴地说。

"太令人期待了！"她兴奋地说。

进了家，落了座，我夸她状态很好，向她祝贺。她却摇摇头，说"表面现象，免疫力差，这不，飞机上空调一吹，就感冒了。"

那一天，我陪她出去吃了饭。席间，她调出手机上一幅照片自豪地说："看看我的女儿吧！"说话的时候，她眼里闪着光彩。

"超美，"我说，"这是你的杰作！"

照片上，她已上高中的女儿，已经出落成一位水灵灵、漂亮美丽的大姑娘了，眉眼如同她，漾满笑意，光彩照人。

"还有两年高考，我的任务快完成了。"她笑着说。

喝着茶，聊着天，不知不觉，时间已过去了很久。外面的雨还没有停，而且越下越大，风卷着雨，雨随着风，翻江倒海。

我们聊得很开心。

末了，我送她下楼，她撑着小花伞，笑盈盈地回过身与我道别，随后高挑的身影消失在迷蒙的雨雾里，那一刻，一丝感慨涌上我心头：多么美丽的女人，但命运却如此坎坷，可贵的是，她展现给大家的，总是阳光灿烂的一面！看着消失在雨雾中她的背影，我默默地祈祷：愿美丽的女人今后的路一帆风顺！

2007年7月

从心站起——我的行走笔记

人物摄影故事

那一刻,我首先想到的是,
拍一组同一战壕里的难兄难弟,
他们的故事感动着我。

再到温泉,故地重游,十分亲切。治疗之余,频频出行,很想把眼中的美景拍下来。自己用不了相机,就指导着陪护拍。康复中心领导看见,安排技师帮我解决拍照的问题。手像鸭掌,这么精细的动作能完成吗?没想到,聪明的技师在我的电动轮椅上安装了一个辅具,我利用手掌竟然能够摁动快门!

这真是革命性的变化！那一刻，我首先想到的是，拍一组同一战壕里的难兄难弟，他们的故事感动着我。

兄 弟

这是一对叫我很感动的兄弟，我刚入院就注意上了他们。

弟弟打工的时候遭遇脑外伤，长时间昏迷不醒，医生断定为植物人，很难苏醒。哥哥不弃不离，守候照顾在身边，四个月后，弟弟醒来了。虽然弟弟没有思维，说话口齿不清，而且全身瘫痪，但哥哥欣喜万分，辞了很好的一份工作，照顾弟弟将近两年。两年来，兄弟俩寸步不离，因为家远，哥哥独自照顾着弟弟，从没有出过远门，兄弟俩成了连体人。

每天看见弟弟被哥哥推着，从一个科室到另一个科室治疗。弟弟是大块头，哥哥无数次地把他抱上抱下。兄弟俩在一起说话的表情很吸引我，弟弟咧着嘴看着哥哥傻傻地笑着，哥哥细声慢语与弟弟说话，脸上的表情笑吟吟温暖如春。弟弟练习站立的时候，哥哥蹲在他脚下，一边给弟弟按摩脚，一边仰头与弟弟说话，眉眼里流淌的爱摄人心魄。

我很想给他们拍照。

有几天没有见他们了，问了护士才知道，弟弟拆了腿上的钢板，正在卧床休息。我来到他们病房，看见了熟悉的情景，弟弟躺在床上，哥哥坐在旁边，两人说着话，哥哥与弟弟说话的表情很美，我赶紧抓拍下了这个镜头。

中午吃饭的时候，我又来到他们病房，弟弟笑呵呵地看着我。我拍下了弟弟躺在床上，哥哥给他喂饭的镜头。

我问弟弟："这个人是谁？他对你怎么样？"
弟弟含糊不清地说："哥哥，好！"
我问："你女朋友呢？她好不好？"
弟弟说："走了，不好！"

从心站起——我的行走笔记

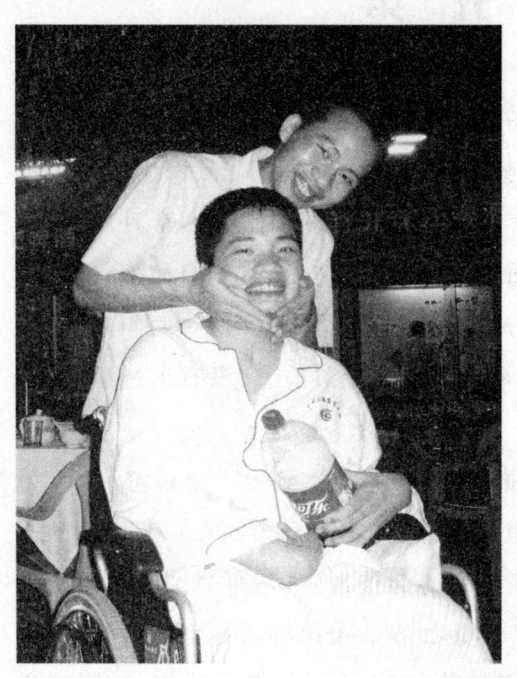

那天晚上，吃过饭，哥哥照例把弟弟抱上轮椅，推着他去散步，我拍下了这个熟悉的画面。第二天病友活动，兄弟两个也参加了，哥哥照顾着弟弟，弟弟爱喝可乐，哥哥给他买了一桶，弟弟高兴地把可乐紧紧抱在怀里。

两天后他们要出院了，弟弟对我说，他想爸爸妈妈了。

我把这组照片挂上了我的博客，一天，我看到哥哥上网留言说，他们已经回到广西老家了，他会把弟弟安排好的。

父 亲

在康复中心，每到黄昏的时候，总看到一家三口，父亲推着儿子，母亲托着儿子的头，缓缓走在流溪河畔。儿子躺在高靠背轮椅里,没有知觉,偶尔翻动一下眼睛,打一个哈欠。他是个植物人,已经昏睡了三年,他的父亲和母亲期盼着他的苏醒。

三年前,儿子在广州打工时受伤。三年来,他的父母锲而不舍为他治疗。父亲是个基督徒,每天要念圣经,唱赞歌,每个礼拜天,到几十公里外的教堂祈祷,风雨无阻。他们相信儿子会苏醒过来。

儿子被精心地照顾着,他们配制有营养的食物,打成流质,用针管注进儿子嘴里。每天坚持给儿子用中药泡脚,给他按摩,定时给儿子翻身,三年来,儿子没有得过褥疮,这在卧床病人中是十分不容易的。儿子被养得很肥胖,这给他们的护理带来了困难。他们每天无数次地把儿子搬上搬下,一个人搬不动,就两个人一起抬。长期的劳累,使父亲得了一身毛病,腰背肌肉劳损,但他们不愿意让儿子受委屈,每顿饭精心安排。他们在附近租了一间小房,母亲做好可口有营养的食物给儿子送来,两点一线,风雨无阻。

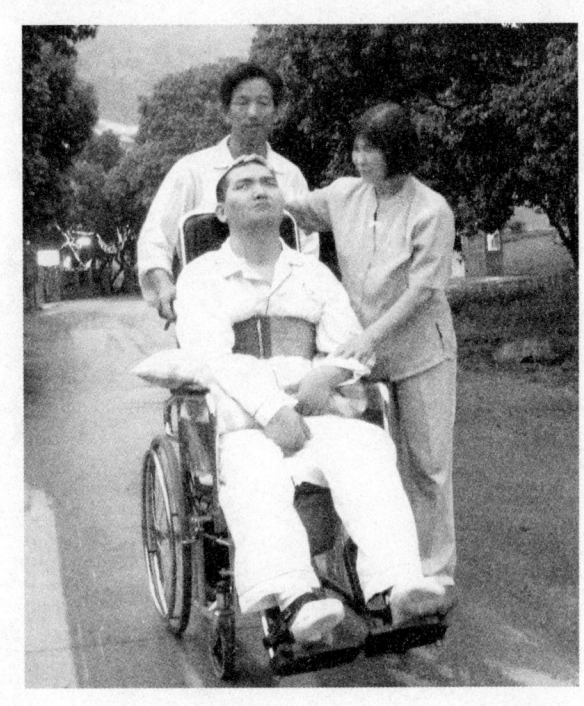

儿子的颈部没有支撑力,散步时,父亲推轮椅,母亲扶儿子的头。练习站立时,父亲扶着儿子的头,母亲蹲在儿子脚边,给他的腿脚按摩。他们有说不完的话给儿子,儿子翻一下眼睛,或者无意识地叫一声,他们就满脸堆满了笑。

每天晚饭后,他们准时推儿子去散步,医院周末的卡拉OK晚会上,总能看到他们的身影。正常人享受的生活,他们也要让儿子享受。而他们自己,克服着诸多的困难。晚上,母亲住在外面的出租屋里,父亲在病房照看儿子。病房很狭小,住着两位植物人,他在窄小的过道里打开儿子的轮椅,脚下接一把椅子,就成了自己的床。他个子很大,轮椅很窄小,他说自己习惯了。

夜幕降临了,流溪河畔,他们推着儿子又上路了。前方的路有多长?他们说不知道,他们说,会一直走下去。

2010年1月

向爱情敬礼

> *隔着千山万水，*
> *我向欣华和国红致意，*
> *向他们美丽的爱情敬礼！*

一直想写写我的同学胡欣华和他的妻子景国红。

我和欣华是大学同学，曾共同创办了班级文学墙报《游思园》，共同参与创办了8个版面的铅印报纸《校园文学》，冰心老人给题写了报头，我俩是第一任学生副主编。编报、校对、卖报，我们共同度过了许多快乐美好的时光。

毕业后，我来到中州铝厂建设指挥部工作，他在焦作市汽运公司上班，闲暇时我们经常一聚。一天，一位大学同学到焦作出差，住在当时焦作市条件最好的腾飞大厦，我和欣华去看他。我们聊天时，见到一位漂亮的女服务员，同学对欣华说："欣华，你追她试一试！"

过了一段时间，欣华见到我说，他和那位女服务员谈上了恋爱。我惊讶得目瞪口呆，不经意的玩笑话，我的同学竟然把它变成了现实!

　　欣华所在的车队在焦作市郊外,距离我们租住在军营里的临时办公点不远,我下班经常去找他玩。在他们那个总是积着很多脏水停着许多大货车的大院里,有一栋破旧的大楼,欣华住在顶楼一间十几平方米的小屋里,屋子两面都是窗户,冬天冷风嗖嗖,我们常常一边在电炉上煮着挂面,一边听录音机里播放的流行歌曲。都是刚刚步入社会的年轻人,事业、爱情、昔日同学、刚刚告别的校园生活,总有说不完的话题。晚上我们就挤睡在一张床上。

　　一天下班后我去找他,碰见他的女朋友国红,她说她也刚到,在等欣华。这时,他的一位同事把我叫了过去,对我说:"欣华出事了!"原来前一天晚上,欣华在帮几个工人抬一个重物时,有人脚下一滑,脱落的重物将欣华右手的三根指头齐齐砸掉。欣华交代不要告诉他在南阳的父母,让通知我来处理他的事情。

　　"欣华情绪怎么样?现在在哪里?"我问。

　　"他当时喊了一声'我的右手还要写作啊……'情绪很激动,"同事说,"当晚单位送他去了郑州,住在哪家医院还没有消息。"

　　对于一个刚毕业不到一年的中文系大学生,一个做着文学梦的青年,右手残废了,不能握笔了,打击肯定是致命的。欣华一直有个作家梦,工作后有了收入,他首先搬了一套《莎士比亚全集》摆放在他的书架里。在学校时他就开始了小说创作,有两篇短篇小说在校园还很有影响。

　　我立即把情况告诉了国红,当时天已经黑了,我们决定第二天一大早去郑州,此时欣华最需要的是我们的安慰。国红说她马上回单位请假。第二天一早,我俩坐上了去郑州的大巴。

　　在郑州市,我们一家医院一家医院地寻找,终于,在济南军区手外科中心找到了他。空旷的病房里,欣华一个人神情沮丧地躺在病床上,身上还穿着油腻腻的工装。他看起来憔悴极了,见我们进来,眼圈一下子红了,随后转过身去,背对着我俩,一句话不说。看得出来,他很忧伤很绝望。

我问他话,他不吱声。过了一会儿,他让我拿来一支笔和一张纸,然后坐起来,用左手写下了"我残废了,你走吧!"几个字,让我交给国红。

我正在发愣,国红过来拿纸来看,看完转身就走出了病房。我心里咯噔一下,赶紧追出门去。国红说她一会儿就回来。

我心里七上八下,担心着国红,真怕她再出什么意外。想想也是,他们互相认识没有多久,人家这么老远来看他,他却是这样一个态度,国红能不生气吗?

正在我忐忑不安时,国红回来了,抱着一叠新买的换洗衣物,还有一些书刊,其中有一本三毛的书《荷西,我爱你》。

我如释重负,多么细心的姑娘!

我回去了,国红留下来照顾欣华,她陪着欣华,在郑州度过了欣华人生最黑暗的一个月。我再去看他时,恰好碰到在街上散步的他俩,两个人紧紧依偎在一起,很甜美的样子。

出院以后的欣华,通过练习,能够用右手大拇指和手掌夹着笔写字了。毕竟是秀才,不久被调到了市汽运公司宣传部工作。那时我在编辑《中铝建设报》,在我的鼓动下,欣华创办了《焦作汽运报》,风风火火地忙碌着。有意思的是,欣华公司的办公楼和腾飞大厦只一路相隔,欣华在路的东边,国红在路的西边,俩人相距仅几十米。我每次去找欣华,在东边找不到,肯定能在西边找到他。

1992年,他们爱情的果实成熟了,在腾飞大厦举行了婚礼,我做了他们婚礼的司仪。婚礼上我介绍了他们这一段爱情故事,大家很感动。

欣华被借调到了市委机关,工作了一两年,但关系一直进不去。国红的单位破产了,下了岗的她一边给做小生意的公公婆婆帮忙,一边自修。1997年,我南下深圳工作,欣华也很想闯一下,可是那时候他已把在南阳的父母和几个兄弟调来了焦作,一个将近二十口人的大家庭离不开他。那段时间,他很苦闷。

后来,欣华的关系正式调入了市委,不久调入市政府办公室,当了副市长秘书,国红也考取了公务员,他父亲的生意也好起来,经过10多年的打拼,他父母在市里买下了一个院落,还盖起了一栋小楼,一家人安居乐业。2002年我回焦作时,在焦作市月季大酒店的茶餐厅里,欣华向我介绍了他目前的状况,我感觉他的好日子终于到来了,心里暗暗为他高兴。不过他忧伤地说,几个月前盖房时,他大哥不慎坠楼去世了。那一天,他给我讲了许多他大哥的往事。

2003年5月份,在广东省从化温泉做康复治疗的我,突然听说焦作发生了"5·1大爆炸",据说事故就在我的同学胡欣华的父母家。我立即拨通欣华的手机,他确认了这个消息。欣华说,五月一日,他父母家院子里堆放的化肥意外爆炸,炸塌了新楼,他母亲和3个亲戚还有一个外人被炸死。做化肥生意的二哥感到自责,回到老家,在自家的祖坟前自杀了。欣华说,我打电话的时候,他刚从老家料理完二哥的后事回来,离事故发生有10多天了,很多棘手的事情等待处理,欣华说家里的局面非常混乱,他担心父亲受不了打击。

我震惊得说不出话。我只说,我不能过去帮忙,如果需要钱的话就给我报个数目。

那些天我真感觉人生无常。我和欣华上次见面后不久,一场车祸使我全身瘫痪,住院的三个月,欣华去西安看了我三次,我父母得知消息也是欣华去告知的,他安慰了他们。就在几个月前,欣华说他和国红要到西安陪我过年,我说家人都过来了,就不用他操心了。这些事情才是不久前发生的,没想到他家竟然又遭遇了这样大的灾难!人生无常!经历过苦难,我很清楚,死的人就死了,活下来的人最痛苦。活着的人能否背负起这沉重的负担,继续直面人生,这是一个沉重问题,我十分担心欣华。

几个月以后,欣华利用出差的机会,拐到从化温泉看我。他讲诉了最初的那些日子家里的危机状况,他说在事故的善后处理过程中,是国红坚强而有力地支持配合着他,尤其是他在老家料理二哥后事期间,国红独自一人支撑着焦作家里混乱的局面,还不断打电话安慰着他。欣华说,好在现在事情都已妥善处理完了。

2004年底,欣华到深圳出差时再来看我,他说那件事后不久,他父亲也去世了,大家庭的胆子完全压在了他的肩上。欣华说,几个嫂子的照顾问题,哥哥孩子的成长和就业问题,都是他义不容辞的责任。他感慨说,多亏有国红的理解和支持,他才能撑起这个摊子。他深情地说,国红是他的精神支柱。

国红鼓励支持着欣华,自身始终自强不息,她通过自修,拿到了一个又一个文凭。2002年她考取公务员后,工作出色,由市发改委办事员,升为科员、副科长,目前是负责全市宏观经济规划的综合科科长。

欣华多情、浪漫,读了很多小说,写过短篇小说,我一直认为,他是搞文学的好材料。而他总说我适合从政,然而我恰恰干上了编辑记者,欣华从了政。我尤其想不到的是,国红的出色表现。细想一想,又很正常,经历过许多磨难,他们更懂得珍惜,珍惜时间,珍惜机会,珍惜幸福,勤奋和毅力,完全可以改变一个人,也完全能够造就一个人。我相信,懂得生活的欣华和国红,会更幸福的。

今年春节后,我在我的博客上搞了一个新春笔会,欣华发来了一篇文章,写我和他的友谊。我告诉他,他有更有价值的东西可以写。果然他很快传来了《与你同行——给妻子景国红的歌》。在文章的结尾他写到:"深秋的余辉将西天染成火红,许多年以后,也许没有人会记得我们,没有人记得我们曾有过的欢乐和悲伤,但只要你知道,有与你同行的岁月就足够了,那将是一幅永远珍存在你我心中的浪漫风景,直到永远。"

文字浪漫充满深情,那天读完这篇文章,我心中涌动着暖流,历经风雨,方能体会幸福的滋味,风雨同舟,爱情更显灿烂和美丽。隔着千山万水,我向欣华和国红致意,向他们美丽的爱情敬礼!

2009 年 2 月

寻 梅

> 像赴一个期待已久的约会，
> 走在阳光暖暖的温泉路上，
> 我的心激动得咚咚直跳。

在北方的冬天，我总要在花瓶中插几支腊梅花，特别喜欢黄蜂一样趴在枝条上的花苞，喜欢蜡质的花瓣，喜欢那一缕淡淡的幽香……

2003年的冬天，我在广东从化温泉的一家康复中心治疗。温泉的冬天特别冷，中心位于流溪河畔，夹在大山的皱褶里，阳光很少，空气阴冷潮湿，我的心情也和天气一样冷。每天治疗完，我就蜷缩在被窝里，不愿动弹。太太陪伴着我，两个人心事重重，很孤独。这时候，我会偷偷地想腊梅花，想暖暖的家，想家中花瓶里那枝结满花苞的腊梅。

一天，从报纸上看到，从化流溪河森林公园的梅花节开幕了，游人如云。从化有梅花？而且是3000亩的大梅园啊！心头不禁一动，那一刻起，去看梅的愿望如夜雨敲窗。可是，寒冷的天气和自己的身体状况不允许我上山，那就让想象的翅膀带我去梅园吧，把欢乐和阳光带回来！

"自古承春早,严冬斗雪开","寒雪梅中尽,春风柳上归"。梅花是报春花,看到梅花,春天就不远了。那个冬天,馨香的梅花驻在我脑海里,陪我度过了严寒。

后来我出院回到了深圳,每到冬天,我会想念梅花,特别地想。是梅花曾经给了我慰藉、力量和希望,我怎么能够忘记呢?如果说,梅花过去是我志趣相投的好友,那么,经历了磨难之后,梅花已成为我魂牵梦萦的恋人,在我感情深处,与她贴得很亲很近,我期盼着有一天见到她……

今年初,在时隔五年之后,我又来到了温泉。到达康复中心的当天,我抑制不住激动的心情,急切地想去看梅花,见人就打听:"你见过森林公园的梅花吗?"面对他们的一脸惘然,我十分失望。

"温泉宾馆就有梅花呀,还是周总理栽种的呢!"有人告诉我。

这是真的吗?坐着轮椅带着惊喜,我匆匆赶往流溪河对面的温泉宾馆。阳春二月天,路上各种花儿已开始争奇斗艳,但我的心中只有梅花,我盼望着与她相见,哪怕是一地落英。

在翠溪楼的庭院中,一株树木郁郁葱葱,有丈把高,旁边的石头上刻着"红梅树1959年周总理亲

作者在梅树下留影

手种植"的字样。枝干遒劲,茂盛的叶片苍翠欲滴,可是看不到一朵花儿。我意识到自己来晚了,花瓣已经散去,芳香也已飘走,落英早已化为泥土。久久凝视着梅树,我不忍离去。

8月份,康复结束,在回深圳前,我特意又来看她,向她告别。

又过了几个月,一个会议的机会,我又来到了温泉。虽然滞留的时间只有一天,准确地说,属于我的时间只有午饭后的一小时,但我还是放弃了休息,不顾全天要参加会议的疲劳,在午饭后,匆匆坐着轮椅,到温泉宾馆看梅花。

已经是12月份了,距离森林公园的梅花节不远了,梅花应该以优雅的仪容迎接我呀!

像赴一个期待已久的约会,走在阳光暖暖的温泉镇的路上,我的心激动得咚咚直跳。路上,我看见了黄灿灿的秋菊,烂漫的紫荆花和火红的杜鹃,她们张扬地向我炫耀着自己的美丽,但她们不能使我的脚步停留,我的心早已飞到了梅花那里!

看到了,远远地看到了,在翠溪楼庭院一片绿肥红瘦中,那一株梅树,独独肃杀地矗立着,没有花朵,没有花苞,竟然连一片绿叶也没有,树枝干枯,在阳光下,刺人的眼。

哦,梅花,你又让我失望,你是在有意回避我吗?难道我们又将失之交臂吗?难道你不懂我对你的钟情吗?

这一天,我落寞地在梅花树前呆了很久,围着它转了一圈又一圈,目光一寸一寸地抚过她的每一根枝条,最后,我给她拍了照片,然后,我告别了。

李商隐诗云:"寒梅最堪恨,长作去年花。"梅花,我不恨你,你就芳香在我的梦里吧!

2009年12月

影 子

> 陈太是永强的影子，
> 永强是陈太的依靠，
> 他们已经成为一体。

高位截瘫患者陈永强背后有一位像他的影子一样的女人，她给陈永强这位不幸的人，带来了幸福。

我和陈永强是在深圳市脊髓损伤者生活自立训练营里相识的。报到那天，我俩住同一屋，初次相见，令我惊讶的是，他受伤已经有19年了！对于一位四肢瘫痪的人来说，坚持19年可是一件很不容易的事情。

陈永强告诉我，多亏了他的太太。他28岁受伤，当时还是他女朋友的太太辞了工作，一直照顾他，5年后他们结了婚。永强说，如果没有太太的悉心照顾，他坚持不到今天。

我不由注意起永强背后的这个女人。

陈太40岁左右，广东客家人，麻利、干练。每天早晨7点钟，她开始给陈永强活动关节、穿衣、洗漱、喂饭，9点钟推永强去上课。

四肢瘫病人号称"巨婴",离开了人的照顾绝对不行。第一天上课,老师让陪护撤离,我看到永强显得很不安,几分钟后,他忍不住让人把他太太叫了进来,太太在身边,他显得很踏实。我清楚,这是长期的贴身照顾,永强对太太产生了心理依赖。

　　过去,永强对出门有心理障碍,19年来,他从不去商店、饭馆、公园等一切热闹的场合,他的活动天地很小,太太始终寸步不离地陪伴着他。有一次,太太去广州姑姑家住了一晚,回来发现,永强的皮肤压出了褥疮,从此以后,她再不敢远行。陈太的父母在惠州,每年春节和中秋节两个节日,她一大早出门,与家人吃顿饭,聊一会儿天就匆匆返回。每次出门超过一小时,她就开始担心躺在家里的永强。她牵挂永强,也依赖永强,在训练营,有一天永强小便不畅,

与永强夫妇在游轮上

第四部分　怀人

浑身冒汗，我看到陈太太的眼泪马上流了出来，那天外面正下着大雨，她拿了一把伞，把永强抱上轮椅就往医院跑。

永强和他太太形影不离，他俩用广东话聊天的神情很吸引我。一天，他俩逛街回来，永强兴奋地说，路过一个茶楼时，他请太太进去吃了一顿饭，俩人是第一次到餐馆就餐，安静、幽雅的环境，使他们感受到了从未体验过的浪漫，永强说那一顿饭十分难忘。

随着永强对美好生活的向往，陈太也备受鼓舞，我明显感觉到了她的变化，她忙碌而快乐着，每隔一天她就带永强回家一次，给他冲凉、煲汤，早晨又匆忙赶很远的路到训练营。有一天晚上，她出去买了一堆安利产品回来，说要给永强加强营养。她还说要给永强买些新衣服，再换一把漂亮的轮椅。

结业典礼上，我代表营员发言，当我讲到我们的收获时，我看到台下他俩泪流满面，陈太竟跑出了会场去哭泣。

训练营结束了，回到家里后，我脑海里总想起他们。一天，我打电话给陈太，想同她聊聊。陈太说，他们都是普通人，是缘分让他俩相识，缘分又把他们栓在了一起，他们的生活很普通，实在没有什么可写的。

我决定到他们家去看看。

他们住在深圳布心山腰的一个小区里。那天，陈太来山下接我们，一路上，看着又陡、又长的山路，我担心怎么上得去啊！陈太执意抢过我的轮椅要推，说自己每天几趟推永强上下坡，已经习惯了。可当我们到达山上时，我发现，她后背的衣服全湿透了。

他们家面积不算太大，却生活着八口人。他俩没有孩子，他父母及姐姐一家三口也与他们生活在一起，他姐姐身体不好，没有劳动能力。他叔叔患有老年痴呆症，也跟他们一起住。

我见到了他的父母，两位老人刚刚买菜回来，虽然都已年逾七十,但身体和精神看上去非常好。我们短暂的交流后我感觉,这一家人其乐融融。陈太夸婆婆能干,说婆婆性格很好。永强夸太太手艺好,他说太太除了照顾他,家里饭菜都由太太做,太太对父母也孝敬。

我询问永强他们的婚姻的经过,永强说,当初他不愿意结婚,这样会害她一辈子,那时他只想死,可是,太太对他很尽心,他们最后还是结合了。他说 19 年来,太太想尽了办法给他治疗,每晚给他泡脚,每天给他煲汤,十多年来从不间断。永强感慨地说,太太使他开心地生活了下来。

我单独问陈太为什么要嫁给永强,她说,永强离不开她,她也离不开永强,说不清楚为什么。当我问她最担心什么时,她眼圈一下子红了,露出十分恐惧的神情,片刻之后她说,最怕失去永强。她告诉我,那天看到永强痛苦的神情,她害怕极了。她说自己最大的希望是与永强相伴到老。

我问永强同样的问题,他说他现在最怕死,最希望和太太一起到各地走走。他说,这些年太太因为照顾他没有去过任何地方,也没有享到一点福,今后他希望他俩能多多品尝生活的滋味,多多体验人生。说着,永强情不自禁地哼起了训练营的励志歌:"这是一句好话,再试一下,再试一下⋯⋯"

要告别他们了,陈太推着永强送我们下山。在户外,午后的阳光斜斜洒下,照在他们身上,他们两个人的影子合二为一。我在想,陈太是永强的影子,永强是陈太的依靠,他们已经成为一体。和许多人相比,永强拥有的快乐也许不够多,但他拥有比许多人多的幸福。人人都在追求幸福,现在的永强是最幸福的人!

2007 年 10 月

鸟儿,你飞向何方?

曾经有两个受过伤的人,
通过网络,由相遇、相识到相知,
相互鼓励搀扶着走过了一段美好的日子。

1

一年以来,一直惦记着你。你的博文读了无数遍,每次眼睛定格在 2009 年 2 月 27 日那一天,心都很痛。那一天是你告别你的博客的时间,从此消失了。我担心你的健康出了问题,联想到这一年多来你四处漫游和你文字里露出来的哀情,情伤之外,是不是健康出了问题呢?以后我无数次地想这个问题,想得很辛苦。给你发过邮件,没有回复。你的手机也停机了,寻找其他办法与你联系,但都是徒然。知道你居住的小区,想去找你,可哪一栋的哪一户不清楚。从未见过你,连照片都不曾见到过,那个小区很大,想一想,找你如同大海捞针。想象着在一个晴好的日子,我坐着轮椅在你们小区门口等你……

2

2007年11月,偶然间我走进了你的博客,被深深吸引,你飘逸深厚的文字,凄美热烈的感情,使我在你的花园里滞留了很久,不忍出来,怕一下子读完所有的文字。没有这样阅读好久了,从来没有这样认真去读一个人。

你也在看着我的博客,还给每一篇文章都写了评论。有一天,你写了一篇博文,评论我的文章,独特的视角、独特的感受和慷慨的赞美,使我诚惶诚恐。你说进入我的博客,很长时间不想出来,读到了"人类灵魂深处最真实最善良也最纯粹的声音",你说读完有想哭泣的感觉——为了所有心中有爱的人们,为了这个荒芜的世界,更为了不再孤独的自己!

一位作者感受着读者对他写作初衷的理解,是一件很幸福的事情。我转引了你的文章,从此我们成为网络好友。一年多来,你读我,我读你,在网络上我们来往,虽然没有见面,但在情感上贴得很近。

透过你的文字,我知道了你伤感的原因。你曾经有一个温暖的家,你爱着你的丈夫和温馨的小家,可是,丈夫背叛了你,随着他的离去,温暖的家没有了,你陷在感情的泥沼中,痛苦不堪。时间过去了几年,可是你总有心结,与自己苦苦纠缠,生活失去了欢乐。你带着孩子到了另一个城市,想疗伤,可是伤口很深很痛,你的歌依然很哀怨。在你的诗文里,我读出了凄美,缠绵悱恻,如泣如诉。世上女子,为情竟然能如此伤痛,我很感动。

也许,爱早已经不在
那为何泪还要流淌

也许,情本已经苍白
那为何心还在悲伤
……
你可以回一回头吗?
我不会让你看到流泪的双眼
你可以停一停脚吗?
我不会牵扯你掀动的衣角
但愿你可以一路走好
让回忆只在我身边萦绕

  从你的许多文字中,我听出了绝望的声音。感同身受,我理解你。绝望我经历过,坚持下去是可以过去的。我留言说,现在的痛苦只是调整期,要对未来有信心。
  我告诉你,在我眼里,健康地活着就是人生最大的幸福。我只希望有两根能动的手指,那样我的生活质量会大大提高。如果有一根能动也好啊,我可以摆脱辅具自如打字了。如果有一只好手,我可以做许多我喜欢的事情,我要学习绘画、练习书法……如果有一双好手,我就要展翅飞翔啦!我说我这只破船还在扬帆起航,你拥有健康、青春和可爱的孩子,还拥有自由,你是多么富有啊,你完全可以飞翔起来,我好羡慕你!
  你回复我说,在青春的时候已经提前老去,没有了跋涉的高度,在还能生动的季节,生命凝结,你为自己悲哀。

但是我分明看到了你的一些变化,你的文字开始阳光起来了,我看到了诗意,有一股春天的气息。不久,你写了一组关于老子、孔子、庄子等先哲们的散文,文章才情四溢,好评如潮,我为你高兴!

一天,你下载了两幅我的照片挂在自己的博客上,你说你喜欢看我仰头微笑的模样。我建议你把照片撤下,开玩笑说你那些漂亮的照片把我衬丑了!你执拗地说,如果因为其它照片衬丑了我,你宁可把它们都删去!你说看着我坐着轮椅无所畏惧的笑容,你所有的胆怯都没有了。我说,其实真实的原因是,你的博客人气正旺,每天有那么多网友给你留言和献花,说明大家欣赏你,喜欢你,很多人还爱恋着你呢!而你挂出我的照片,会引起其他博友尤其是男士的嫉妒,影响你的人气。你回复说才不管这些呢,你就要我行我素!

你开始称呼我为"大哥",我不希望你这样称呼,我说叫名字最好,人都是平等的,因为地位、财富、学识甚至年龄造成的称呼上的不平等,一贯是我反感的,我说在我眼里,只有令我欣赏和尊敬与否的人。你回复我说,你还是要叫我大哥,你说我就像你老家的大哥,感觉十分亲近。

2008年新年的钟声就要敲响,一个寒冷而安静的冬夜,你通过网络,向我讲述了自己的故事。

3

你是浙江人,1岁时父母双亡,养父母抱养了你。7岁,你知道自己的身世,从此有了孤独感。在你12岁时,最亲近的外婆也去世了,你感觉自己成了孤雁。

养父母家里的哥哥对你很疼爱,他高大、勇敢、博学,是你心目中的英雄,他给你童年带来过许多欢乐。长大以后,哥哥是你无话不谈的朋友。在你读大学时,哥嫂在一次车祸中双双去世,你哭得死去活来。外婆走了,哥哥又走了,世界上最疼爱你的两个亲人走了,从那一天起,你没有了安全感。

你说那天走进我的博客,你想到了自己的哥哥,你说真想趴在我的膝头痛哭一场,你说如果哥哥也像我还有一颗热烈跳动的心该多好,你说如果哥哥能如我一般聆听你的诉说、让你牵一牵他的手,你才不会在意他是否有会动的手指,不会介意他是否还有挺拔的身躯、是否健步如飞……

你伤感地说:"石大哥,拥有生命是多么值得祝福啊,对于爱你的亲人来说,活着就是无比珍贵的,能够微笑地活着,对他们是最大的奖赏。而自己的哥哥,已经听不到呼唤,自己每每长磕于灵寺的石阶,千万遍念叨的就是,梦里再见哥哥一次,用哥哥的衣襟擦干眼泪——可这是奢求啊!"

网络那边的你泪流满面。一个渴望亲情温暖的女人,在那个寒冷的夜晚,向我这个"大哥"述说了自己的心事。

4

令人高兴的是,后来你拥有了甜美的爱情。

老公是你大学的师兄。毕业后你当过电台主持人,以后到深圳打拼,替海外的姑姑操持着一个珍珠加工厂。后来你让他打理工厂,自己享受做太太的滋味。那一段时间,你每天早晨送他出门,然后自己读书、写作、做美食……你珍视幸福,也享受着幸福,那段日子是你最美好的回忆。

可是在你怀孕三个月的时候,你发现老公有了外遇,而且陷得很深。经过努力,婚姻还是无可挽回,你们协议离了婚,当时腹中的孩子才几个月大。你是自己在医院里产下了一对双胞胎男孩,你成了一个孤单的人。

　　沙发还是坐在原地
　　静静的
　　等你 盼你——

　　那么今晚
　　我就站成灯盏
　　沿着心中的方向
　　守望——

你仍然怀念着他,怀念着过去的家。有一次,你去外地出差,竟鬼使神差地拐到孩子爸爸工作的北京,买了他喜欢吃的东西去看他,可是在楼下,你看到了他阳台上花花绿绿的女人内衣,它们如彩旗般飘扬……你回到酒店躺了三天。

爱情也死了,你的世界变得一团漆黑,你痛苦不堪,软弱和不自信。

　　离去的其实不是背影
　　是早已枯竭的心

一个孤单的弱女子,所有亲情逝去了,亲密爱人也离开了,只有两个幼雏在身边……震惊之余,我深深理解了你。

我给你留言说，心头的结要想办法解开才好，要轻松，要释然。痛苦的人很多，许多痛苦是自己无法排解的，要活下去，也要淡化，能排解的，要坚决排解，虽然有阵痛。我说，感情的事情很复杂，也说不清，存在即合理，所以一定要放下，眼睛要向前看，珍惜拥有的，快乐生活！

文字虽然显得很无力，但我希望你成为感情上的强者。

5

你是在 2007 年 11 月走进我博客的。

"很长时间不想走出来，只是想感受那份平静而柔软的温暖，让孤寂的心得到片刻的安慰。""文字仿佛已经不够表述我的心情，只想走到你的身边，去看看你的容颜，听听你的声音，然后记住你坦然的微笑——专为你写了一篇博文，希望可以捎上我充满渴望的心，带着我的那些认识的和不认识的博友们，走进你的园地，走近你的心——""这里给我的已经远远超出了文字所能赋予的意义，那颗充满人性原始光辉的心是如此的饱满，让我不再孤独——"这是你当初给我的留言。

你还写了三组 15 首《那一天开始》的诗歌，纪念那个相遇的日子：

一

那一天开始
我便感觉到
我们是同类
那些弯弯曲曲的挫折

刻上眉宇间
也是笔直的皱纹
再深重的悲痛
落在了平静的港湾
只能是一缕
晴空里的凉风
那一天开始
我便惭愧地吞下
所有怅惘的词汇
我独来独往的灵魂啊
撞进了你的胸怀
才知道狭窄的羞愧
那一天开始啊
我忙忙地卷起了
所有曾经的道路
卷起了深海般的孤独
卷起了莽原般的春愁
卷起了忧伤负担忍耐沉默
只跟随你平静的眼睛
让诗意走出优雅的步态
隔着世纪的黑夜
驻足在视线可达的星辰
逐字逐句地读着
你给予的杰作
那一天开始啊

我也懂得了
尊严的昂贵
这天上人间的叹息啊
终有了最匹敌的安慰
让超越预期的喜泪
落在狂欢的琴键
奏响气势如虹的音调
美满地唱出
终老一生的深邃

二

那一天开始
我平息了所有
灵与肉的创痛
你透明的眼睛
告诉我
幸福的深度
就是对着所有的苦难
唱出自己的欢歌
那一天开始
我柔波似的双臂
穿越闪光的雨云
毫不柔弱地
企图托起你所有的梦
再让这唯美的梦啊

如画卷般舒展
　　沿着所有曾经的路径
　　抚慰
　　每一个不眠之夜
　　……

　　我已经淡泊了许多,不在乎他人对我的评价和感觉,但是读到你这些带着温度、使人心跳的文字,我还是禁不住激动和感动。很高兴我有了知音,谢谢你给我带来了春天般的气息!

6

　　你说从那一天开始,冬的伤口都悄悄愈合,愈合得不露痕迹还心甘情愿。我说,恰恰是从那一天开始,我对春天有了知觉。

　　每一个清晨,打开电脑,你是我的第一缕阳光。我的博客上总有你的足迹,而在你的花园里,有迷人的诗歌等着我。而夜晚,我枕着诗意进入梦乡。

　　你勤奋,每天都有博文挂出,经常一天有好几篇。歌唱爱情、歌唱家园,是你永恒的主题。爱情被你唱得迷人美好,家在你的文字里总是无比温暖和温馨。你的歌声缠绵悱恻、柔若无骨,情人节那天,我给你留言说,你是诗歌中的邓丽君,你感动了多少人啊,你让人们看到了情感的美丽!我说你不但明亮了大家的眼睛,你还芳香了我们的生活,这一天,应该给你颁发一个情人节特别奖!

　　坐上轮椅的这几年,我的心很沉,没有波澜,没有激情,在狭小的空间苟延残喘。我是个有激情的人啊,但是现实禁锢了我,我忍耐着,坚持着!自从与你相遇,你的才情和风情使我睁大了眼睛,我每天读你,欣赏你,又被你理解和欣赏,我寂静的世界里有了波澜,你的文字轻松飘逸,在这个庸俗的世间,它和音乐绘画艺术一样,丰富了我的精神生活。

你也一直在读我,你作诗写到:

  我一直在读你
  因为我
  也有很长很长的长夜
  读你
  便可以如沐朝阳
  无须衣裳
  也装扮得美丽
  每一次的相遇啊
  奔赴的
  都是一场心灵的盛宴
  你可以想象
  我美得无比陶醉
  在清爽的晨风中读你
  我读到了你青春的足迹
  每一滴青涩的汗水
  都坚韧地把生命之湖的涟漪
  荡到最大
  还荡得波光粼粼
  在黄昏的灯影里读你

我读到了你预支的冬季
不管天寒地冻
即使神也叹息
从苦闷的怀疑中
你用灵性之手啊
抓住了飞逝的夕阳
做带着流苏的披肩
如欲飞的翅膀
迎风绚丽

于是啊
我只能站在艳阳下读你哦
我读到了你盛放的夏季
你一定是上帝的宠儿
再多的缺失
也不能把你奴役
你心灵的通道啊
铺满了生命的颂歌
我的梦
也提前飞到了
你火热的夏里
用你硕大的果实
撞击我独有的文字
欢庆的诗行啊
高呼的只有你的名字

第四部分　怀人

　　我不会作诗，但其实我对你的眷恋，不亚于你对我的深情。有一次我去了广州，两天没有上网，回来后打开博客，迫不及待先去你的博园走了一圈，读到你的新作，我如饮甘露。

　　因为眷恋，所以牵挂。有一段时间，好久不见你上网，不写作，你给博友留言说你生病了，联想到那段时间你四处漫游和文字时常流露出的伤感，我突然有了不详的感觉，你是不是真的得了不好的病？漫游是因为去求医治疗吧？我紧张得不能自已，赶忙打去电话过去询问你，话筒中传来你爽朗的声音——我放心了。可是这个疑问总不能在脑海中彻底消除，想一想，我们毕竟互相不了解，毕竟我们是在网络上啊！

　　你也牵挂着我。你在紧张的路途中，会去网吧仓促地在我博客上留下"牵挂"这样的的字眼。有一次，你看到一位朋友给我提供的治疗信息而我不积极，你打来电话说只要有一线希望就不应该放弃，还说自己在那家医院所在的城市有朋友，可以让他们帮我了解一下。我只好告诉你，脊髓损伤的治疗医学上还没有突破，信息我一直在关注，谢谢你，请你不要麻烦了！

　　2008年夏天，四川汶川发生大地震，感同身受的原因吧，地震带走了我所有的快乐，我被苦难的气息窒息，一个多月里我没有写作，你很担心，写诗说：

山谷里那个孤独的湖

透不过气来的忧郁

湖边

那棵焦虑的树啊

急欲在摇曳里抖落

喷薄的不安

却总也等不来

一场淋漓的风暴

哪怕

只是一丝

轻轻吹过的微风

那时候股市暴跌,你担心我是因为股票的原因,询问我。我说股票放它几年,怎么下去的会怎么回来,时间换空间。你说放心了,我很感动。

你说你的厨艺很好,期待着回到深圳来我家给我们献艺……

2008年,有一天你询问我的地址,不久我就收到了你从上海寄来的特快专递,打开是一块名表,一件首饰,还有几支特殊的笔,你说送给我、我太太和我儿子。我回复你说,你的礼物太贵重了,不该这样的,我会很珍惜,睹物思人,感觉你就在我身边。我太太和孩子说很喜欢,让我谢谢你。

其实我一直给你备着一个礼物。我从你的文字中知道,你喜欢喝茶,普洱茶,我给你准备了一个在深圳文博会获银奖的名家紫砂壶,一直留着,希望我们见面的时候送给你。收到你的礼物后我说寄给你,你说你会亲自来取的。不承想,它至今还待在我的家里!

7

你消失以后,我竟然蠢蠢地把思维定格在你健康出问题的怪圈里,担心了很久!直至有一天,在又一次仔细研究了你的诗文以后,在看了你给我的留言记录后,我确定,你是健康的!你消失前的诗说明了这一点，诗歌如下：

带你明天去沉醉

和着鸟鸣

我的心

在这样的春风里

慢慢沉醉

那颗在寒冬里悄悄悸动的心

从睡意惺忪里醒来

用储了满腔的痴情

书写不变的诗行

点燃

不再年轻的青春

同样的音符

萌发出同一种节奏

在这个相同的时刻

那就让我

在明天的月下

化成一棵古老的相思树

在你的凝眸里扎根

把春天的脚步留住

其实

我并不奢求什么

因为明天

是一个从心到心的日子

我愿意用我的诗歌

架起一道彩虹

用饱蘸醉意的拂晓

敲开每一扇紧锁的心门

让每一朵浓浓的玫瑰

在渴望里跨过

或高或低的门槛

轻轻地染绿

每一段等待的枝头

这首诗表达出来的喜悦之情如烟如雾,重病缠身的人怎么能够写得出呢?你写给我的笔会文章《在夜里开放》,感情细腻,文字优美,没有良好的身体和心理状态是写不出来的。分析完这些,那一刻我如释重负——我和你仍然生活在同一片蓝天下!我特别高兴,尽管我们依然没有取得联系!

仔细想想,我明白了自己的错误,也许是我的一句没有注解的话伤害了你。

2月14日是情人节,你给我留言说已经回国,在北京,很快就会回到深圳,一定会来看我。你的诗歌《新年》和《带你明天去沉醉》说明了这一点,可是就在这个时候,我在《笔会后记》中不恰当地写了这么一句,"也许我们永远不会见面","我们"指的就是我和你。可以想见,这句话如一瓢冷水浇向你,你打个寒噤,感觉是自己错了。在国外的时候,你想念着"家",想念着一个"哥哥",可是在满腔热情地赴约途中,突遭冷遇,你失落的心情可想而知!

"祝年的鞭炮,已声声炸响,你是否听见?这声声思念的呼唤,无惧万水千山的阻隔，一定要跋涉到你的身边——用牵挂织成锦垫，希望你多一份端坐的舒适；用关怀编成花环，期待你深冬也能看到春天；用渴望垒起天桥，直接架到你的心间；用汹涌的深爱绘出七色的彩虹，人在天涯，也要灿烂你的明天！"这是新年时你发给我的文字，这分明是你写给我的赴约宣言书啊，可是为什么我仅仅把它当做了美文来欣赏呢？

后记是23日挂上去的，你一改给我每篇博文加评论的惯例，没有给这篇文字评论。4天之后，也就是27日这一天，你挂出了一篇缺乏诗意的文章后，便消失了，2009年2月27日是你博客最后登录的时间。

你消失得很突然,也很坚决。起初我认为你一定发生了意外，而且认为可能是健康的原因，不然你不会这样不辞而别。我们虽然未曾相见，但在网络相识一年多,彼此珍惜着对方，你的才气，你的风情，你的飘逸，你在世俗世界高高飞扬的精神，是我的阳光和空气。你也说，我带给了你生活的勇气和动力，你写诗《不能没有你》：

没有人知道

你是我的明灯

那年那月的那一天啊

我怀揣深秋的落叶

走失在怀想的季节

只有你啊

听到了我的呼声

一寸一寸的牵挂

夜以继日啊

编织成长长的绳索
抛向我
一分一分的期待
还是夜以继日啊
垒叠成宽宽的脊梁
伸向我
从此
我的世界啊
有了你给的光明
知道我对你的热爱吗？
昼与夜的续集
也无法数尽
你遥远而亲近的面影
你陌生而熟悉的容颜
总走进我的视线
天涯咫尺的思念
总会在某一个瞬间
全部涌现
这一刻啊
我顾盼了多少年？
恍若隔世的坚冰啊
在你的梦里
溶解着断续的呜咽
断线的清泪
风干成殷殷的祈愿：

第四部分 怀人

不能没有你啊

要一直在我的身边

可是,你却消失了,消失得无影无踪。

毅然告别心爱的博客,告别钟情的文字,告别陪伴过你的广大博友,一去不复返,肯定是因为伤心才这样的!我想对你说,你错误地理解了我,我怎么不期待着相见呢?只是冥冥之中一直认为,你是不会来和我见面的!你一直回避着见面,你还记得你曾经给我的留言吗?你说:"一直渴望去看看你,但我又害怕见你。一年来仿佛你总在身边,想起你的时候是温暖的,很温暖,仿佛从小就在一起长大的亲兄妹……这种感觉越是强烈,便越害怕与你亲近,我已经恐惧失去,心中唯一期盼的便是你要平安,平安就好,能够这样感觉你的活力我已经很幸福!"

你说:"我想,你一定会好好地活着,开心快乐乐观向上地活着,等我去见你,有生之年我一定会见到你的,我想一定的!大哥,在同一片蓝天下,我们其实没有距离,每时每刻,我都感觉你在我的身边。"

"有生之年"就是"遥遥无期"吧?"我们其实没有距离",是不是你已经回到深圳,而且曾经多次来过深圳?

你复杂的心情和担心我理解,因为我也是同样的心理。我的状况更不好,一个坐轮椅的残疾人,我更怕见面后会失去你,失去那些美好的感觉……所以我判断,你很难走到我面前,正如我也很难走到你的跟前一样。为了让你释然,让你轻松,让你不再因为答应看望我而感觉负担,我随手写下了那么一句话……应该给你勇气和自信的时候,却说了这么一句不恰当的话,使你像帆一样鼓起的勇气和热情遭受冷遇,你很伤心,不辞而别。

鸟儿来到我窗前唱歌,又飞走了——

8

　　没有联系的一年时间里,给你打电话,停机,发邮件给你,被退回,显示邮箱已不再使用。有一天,电话竟然通了,是一个女人的声音,但很陌生。我说找你,她说打错了,便挂断了。我又拨过去,问她是否认识你,她说这是她新办的号码,她不认识这个人!电话又被挂断,我的希望之弦又断了,心里空空的。

　　鸟儿,你飞向了何方?有些伤感,但我想说,无论我们是否再能联系上,无论是否相见,我都会记得,曾经有两个受过伤的人,通过网络,由相遇、相识到相知,相互鼓励搀扶着走过了一段美好的日子,你带给了我春天的气息,我很珍惜,谢谢你!

2010 年 3 月

一封迟到的信

　　昨夜，我奇怪地梦见了我的一位忘年交朋友——庄建德，醒来后不能入睡，忙翻看12年前我写的《一封迟到的信》，原来近日，竟是他去世12周年的祭日！又想起了这位可敬的人，心情久久不能平静。

——2008年11月24日

　　庄经理，当动笔给您写这封信的时候，我清楚，您已经永远地看不到它了。

　　这是一封迟到的信。

　　然而，这是一封必须要写的信，它在我心里埋藏了许久，我曾数次动笔，但都未能结尾。

　　我恨我自己。

　　昨天早晨一上班，孟书记就告诉了我这个惊人的消息：您已于11月30日去世，方式是自杀。

　　简直是晴天霹雳！那一刻我明白了什么叫"痛心疾首"，什么

作者与庄建德留影

叫"扼腕顿足"。

　　整整一天,我什么都不想做,整整一天,我都在想您,想我们共同拥有过的岁月……

　　中州铝厂8年风雨编辑窗,我结识了许多优秀的人,他们影响过我、激励过我,我以他们为榜样。随着中铝一期工程的结束,其中许多人悄然离开了中铝,但作为一名记者,我在思念他们的同时,内心深处有一个愿望——终究有一天,我要用我的笔记下他们,这是一种责任。

　　庄经理,您是优秀人物中杰出的一位。1993年中铝建成投产后,您离开了中铝,那时我就有了写您的想法。

　　作为工程指挥官,您带领中国有色第六冶金建设公司这支队伍,承担了中铝一期主体工程施工的艰巨任务,整整6年,您和将士们栉风沐雨,日夜奋战,终于出色完成了一期工程,实现了试车一次成功，创造了奇迹，您赢得了人们的尊敬。

忘不了中铝最艰难的岁月。

1989年后，西方国家经济制裁中国，外资落空，社会上风传中铝项目要下马，工地上人心浮动，各参建单位都把目光盯住了您——大家知道，六冶一松劲，中铝肯定没戏。而您却如一尊铁塔，稳扎中铝工地不动摇，从而影响了各参建单位，为中铝渡过难关、迎来曙光创造了条件。

1991年，中国有色金属工业总公司确定，中铝1992年建成投产，您提出了1992年6月实现空负荷试车的目标。而当时的现场，受资金影响，大量的工作还没有做，包括中国有色金属工业总公司领导在内的许多人看了都摇头，但这个奇迹终于被您创造了，1992年6月，报捷的炮声撼动了太行山，这炮声显示了中铝建设者的志气。之后，中铝试车投产的大幕全面拉开，10月28日，终于生产出了白花花的氢氧化铝。

忆往昔峥嵘岁月，不由使人感慨万千。

庄经理，谁都知道搞工程是个苦行当，命运使您干上了工程，而且一干几十年。几十年里，您的足迹踏遍了大江南北，参与了无数的工程建设，但是，能够在有生之年再干一项宏大的国家重点工程，始终是您的梦想。1987年，这个梦想终于实现了，作为六冶副经理的您，挑起了六冶中铝工程指挥部指挥长的担子，可以想见，面对号称"有色宝钢"的中铝工程，您是何等的沉醉。

6年里，您几乎扎根在工地，多少次我看见您手上挂着吊针，一边输液，一边主持会议。1992年，有段时间，您病情加重，医生要求您回洛阳基地住院治疗，但您执意不去。最后，还是六冶总经理把您从中铝工地"押"进了医院，而您从住院的那天起，便开始了每天数小时的电话遥控指挥。

庄经理,忘不了您的铁脚板。几乎每天您都要去工地,一身工装,一顶安全帽,"叭嗒""叭嗒"地迈着大脚板,从住地到建设现场,从一个工号到另一个工号,哪个角落没有留下您的足迹?建设者们哪天见不到他们的指挥长?时间长了,"铁脚板"不胫而走。

忘不了,您抓工程质量、抓队伍的铁手腕。开工不久,一号大窑基础砼出现蜂窝麻面,如果将就一下,修修补补也可以过关。但您却不,把六冶班组长以上的干部召集到烧成工地,当众将基础炸掉,以此表明您确保中铝工程质量的决心。为造就一支过硬的队伍,您制定了严明的纪律,逢您主持的会议,没有人敢于迟到,干部已习惯了跑步前进接受命令。对于下属各二级公司不称职的领导,您坚决实行"一批二罚三驱逐"的政策,一些处级干部因此在工地丢了乌纱帽。

您又有一副菩萨心肠。在六冶职工中,我听到了许多关于您关心职工的故事。六冶小学有多少班,每个班有多少学生,您都记得清清楚楚。学生的凳子高,写字时要弓腰,您就找来锯子把凳腿锯短。而您的那辆破伏尔加轿车,不知救了多少职工家属的急!您分明把自己当做了职工的家长,他们的冷暖温饱,无时无刻不挂在您心上。

试车投产成功了,您离开了中铝,来到了郑州,就任六冶总经理。1993年春,为写作反映中铝创业史的报告文学,我到郑州采访您。在六冶宣传部,我刚到,您就推门而入,那双温厚的大手老远就伸出来:"中州铝厂生产状况好吧?你们工作学习都好吧?"慈祥的笑容,一瞬间使我的喉头哽咽。

您说,您很想念中铝。试车投产成功后,您回老家看望了多年没见面的老母亲,回来的路上您病了。在住院期间,您白天晚上都在想中铝,想工程,夜里常常惊醒。一次,您竟背着医生偷偷搭车回中铝了一趟。有人劝您练气功，试着转移意念。您试了，效果却不佳。您说，在这高楼里，您感到憋闷。您说中铝开阔，空气好，在那里您一切病都好了！

您带我到自己的宿舍，搬出一打影集，有一二十本。您说，这都是搜集的有关中铝的照片，按类分别造册。您自豪地说自己也当了回主编。

庄经理，那次郑州之行，我更深切地了解了您，更理解了建设者。是的，这是一种难以割舍的情结。工程干完了，虽说意味着甲乙双方经济合同的终结和经济关系的结束，但是作为建设者，他们一砖一瓦营建了工程，奉献了汗水、青春、爱情、家庭，甚至生命，工程是他们心血的结晶和生命的延续，永远不会结束。

作为朋友，我深深地爱戴您。

我是个重感情的人，我常想，生活中倘若没有了友情、爱情和亲情，那是多么可怕的事啊？

中铝交往一场，我们的友情就像黑夜里的一盏灯，使我感到了生活的温馨。

初识您，是在1989年秋，那时我刚大学毕业，面对蓝天、白云和广阔的建设工地，浑身洋溢激情。一个秋夜，我到您的宿舍采访您，那天您刚开完会，还未吃饭，风尘仆仆的样子，我感到不好意思，您却笑呵呵地同我打招呼，一边亲自给我倒茶。采访结束，您关切地询问我的学习和工作情况，末了，您出来送我，送出门老远。当时，您的朴素、和蔼和平易近人给我留下了很深的印象——与我想象中威严的您大不一样。

以后因为工作关系我们经常见面，无论在哪个场合，只要一见到我，您总是老远向我打招呼，还握住我的手问长问短。友谊的基础是平等，我因而少了拘谨，偶尔晚上没事，还踏着月色，到几

公里外您简陋的宿舍去聊天。您曾当过五年语文教师,有很好的文学功底,《史记》的一些章节竟能脱口而出。

我们谈读书,谈写作,更多的是谈中铝工程,每每告别您的小屋,走在工地小路上,听着秋虫的鸣叫,我感到生活是多么的美好。

我们友情的加深,是在您离开中铝以后。

1993年11月9日,中铝建设报社正式成立,反映中铝文学创作的作品集《太行作证》举行首发式。当时正在南方出差的您,从六冶宣传部听到这个消息后,便立即返回,赶到中铝祝贺。那天您代表参建单位发表了热情洋溢的贺词。您的到来使我们感到了友谊的温暖。第二天,您还邀请宣传部领导和报社的同志到六冶指挥部做客。尽管那天您因病没有喝酒,但您显得很高兴,我们也很高兴。

1994年夏天的一天,听说您来中铝了,我去六冶指挥部看您,刚下车,您就要到现场去看,于是我陪同。一个个车间、一台台设备,您看得那么仔细,还不时地用手摸摸、用耳听听,还登上高高的烧成车间顶层,俯瞰中州铝厂。七月骄阳似火,您的汗衫湿透了,紧紧贴在身上,您却兴致盎然,满脸溢着笑。

1995年的一天,我无意中从寄来的六冶报上看到一则消息:因年龄关系您退居二线,不再担任六冶总经理。尽管我清楚这是必然,可那天我捧着那张报纸,心情还是久久不能平静。不久,便收到您写来的一份短信,信上告诉我您已退居二线。读完信,我给您回了一封长长的信,托六冶指挥部办公室的同志转去,信中表达了对您的敬仰,希望您多多保重,常到中铝看看。

1996年初,春节将至,一天,我接到您的电话,您说您已到了中铝。我立刻赶到了六冶指挥部,一见面,您精神依然很好。您关切地询问中铝二期的进展,并告诉我,您不久前拜访了中国有色金属工业总公司的一些领导和焦作市的领导,希望大家能够促进中铝二期工程尽快上马。随后,您又看望了留守的六冶职工。在六冶生活区那条大道上,见到一群六冶老工人,您紧紧握住他们的手,问寒问暖,并自信地说:"耐心等待,这里迟早会重新热闹起来的!"在当时那样的背景下,这句话给了我很大的鼓舞。后来,您又匆匆去中铝生活区看望指挥部已退休的老领导,到另外一个生活区给中州铝厂领导拜年——您是在为中铝二期工程的大干做准备啊!

一晃几个月过去了。今年7月25日,我一上班,同事就告诉我:"昨天,庄经理来报社看望大家了,他已正式退休,是来向大家告别的,庄经理特意问起了你。"我立刻拨通六冶指挥部的电话,他们说,您当天下午已赶回洛阳。那天上午,我坐在桌前,面前放着一叠稿纸,看着窗外黛青色的太行山,心里空落落的。

不久,从六冶朋友处听说您患上了帕金森综合症,住进了医院。那一刻我的心抽紧了,想去看看您的心情就像夜雨敲窗。

10月20日,九九重阳节,一大早,我就站在洛阳街头一家鲜花店里为您选花。火红的剑兰代表您辉煌的岁月,繁烁的满天星代表您干过的众多工程和桃李满天下,菊花代表对老年人的敬重,缤纷的康乃馨预祝您安康幸福,玫瑰则表示我们对您的爱。

捧着滚动着水珠的鲜花,走在洛阳的街头,我抑制不住地激动。六冶洛阳公司医院,是一栋白色的大楼,在一楼住院部的一间房子里,我见到了您——戴着一顶灰色的帽子,依然穿着那件熟悉的灰色夹克衫,静静地坐在藤椅上——您明显地消瘦了。

"庄经理,我代表中铝建设报社和广大读者,来看望您了!"献上花束,我的眼泪一下涌出眼眶。可以看出您的惊喜!您吃力地站了起来,又伸出了那双大手,和我摇着、摇着,身材依然高大,手依然柔软、温暖,但力量明显减弱了。

"中铝的领导好吗?二期的状况怎么样?"您还是这样的话题。

我告诉您,大家都好,中铝的问题已引起了党中央国务院的高度重视,江总书记视察了中铝,希望在前。您沉思了片刻,然后看着我说:"小石,我这个人已经废了!"说这话的时候,您的眼睛里露着深深的遗憾。

我心里"咯噔"一下。庄经理,我了解您,您是个十分要强的人,干工程就要干优质工程,做人就要做堂堂正正的汉子。您追求成功,您崇尚奋斗,退休了,您不是养花弄草遛狗的人,您定要驰骋,要飞翔,可是突然降临的病魔却束缚了您,您成了被人照顾的对象。此时此刻,我理解您的心情。但是,庄经理,要知道,一生一世忙忙碌碌、一事无成的人太多了,更何况病魔又是不可抗拒的,奔波了一生,此时此刻,安安静静地读读书,接受人们对您的关怀和回报,这是很自然的事。

于是我对您说:"庄经理,您千万不能这样说,您的人生是非常圆满的,中铝工程是您的杰作,您使六冶掌握了氧化铝工程的建设,您带的队伍中脱颖而出了一大批优秀人才,他们正在全国各地大小工地继续为六冶、为国家作贡献。庄经理,人一生能达到您这样的境界不容易啊!您应该感到自豪。"

您笑了,说:"没想到8月份一下子就病倒了,半个身子不能动弹,右腿右胳膊呈舞蹈状,现在好多了,已得到控制。"您还提醒我,您刚才是用右手跟我握的手,还说,最近自己已能够短距离走走,只是右腿右胳膊还不十分协调。

我说,这就是进步,并告诉您,大家都很关心、想念你,希望您早日康复。我举例我们报社一位同事的奶奶,90岁高龄了,得了偏瘫,经过治疗锻炼,现在已经能下楼,希望您不要灰心,安心养病。

您点头表示同意。

我们又像往日那样聊起天,您声音宏亮、口齿清楚,时而还打着手势。谈到六冶的状况,您显得很动情,说状况不好,没有大工程,职工生活水平不断下降,有的一年多都没发工资了……

"中铝二期工程若开工,情况就会好起来。"您说。

不知不觉,一个多小时过去了,怕您劳累,我便起身告辞。捧过花束,我告诉您每种花在我心中的寓意。您凝视着它,再次道谢,并让我一定转告中铝的领导和宣传部及报社的同志,一定向大家问好,并加重语气说:祝你们学习进步,工作顺利!

我建议给您照个相,您眼睛一亮,响亮地允诺了。您的儿媳妇帮您脱去帽子,用梳子梳理好您的头发。由于光线暗,我犹豫了一下,您明白了,说:"到外面照!"我请人把椅子搬上,您却坚决地拒绝了。于是,您一步一步艰难地走到了室外,捧着鲜花,您显得很高兴。选好位置,我拍了一张又一张。

"小石,我们合张影。"您说。

庄经理,您不用说,我也会提要求的。挨着您,那一刻,我依然能感觉到您的力量。

该告别了。握手,再见。走到医院门口,我回转身,发现您依然站在那里看着我,我忙又折回,拉着您的手,说:"庄经理,我还会来看您的!"这时,您的表情突然怔了一下。那一刻,我似乎感觉到了什么,可当时根本没敢多想。

路上,我心里像打碎了五味瓶,想:如果我们在一个城市该多好,那样的话,我会经常去看您,同您聊天。

回到中铝,当晚我就趴在桌上写文章——中州铝厂应该记住您,这位已经退休的功臣。但是,我却深深地陷在感情的汪洋里了,怎么也理不清思路,第二天才拿出个开头,虽然只有一千字,但我坚信我会写好的,我要尽快把报纸寄给病中的您,给您力量。

我把那一千字读给报社的同事们听,大家都急切地等待文章的出炉,四版编辑小齐已经把位置留下了。

可是我却出差了。

半个月以后我出差回来,冲洗好照片正要寄给您,您却这么快地走了!

那一天,孟书记告诉我这个消息时,我不能相信,我又怎么能相信啊!

您是11月30日去世的。您留下的遗嘱是:尽快火化,不打扰、不麻烦任何人。第二天,尊重您的遗愿,六冶公司近200名同志为您送了行。

我们得知消息已是12月2日,也就是您火化的第二天,六冶经理办通知了中铝。

庄经理,您知道当时是怎样的一种情形吗?在孟书记办公室,举座皆惊啊,人们悲痛得不能自已。

我转身出去拿来了那几张照片——您留在人世间的最后照片!大家凝视着照片上微笑的您,许久许久。

那一天中午,我喝酒了,下午见到孟书记的时候,我发现他也喝了酒。整整一个上午直到晚上,我紧紧揣着您的照片,什么都不想做。

第二天是个阴天,我没有上班,独自在家里,把窗帘紧紧拉严,然后拧亮了台灯,开始给您写这封迟到的信。柔和的灯光泻在照片上您的脸上和身上,您鲜活的形象一幕幕地涌入脑海……我的双眼被泪水模糊了。

庄经理,人的性格就是他的命运。我理解您,只是,我悲痛我逝去了一位好师长、一位好朋友,不然,我们之间的友谊还会加深的,您说呢?

庄经理,您的一生是充实、辉煌的,全国各地您参与建设的一座座工厂和太行山下宏大的中铝工程便足以证明,当然还有那树立在人们心中的丰碑。

庄经理,您就安息吧,我们永远怀念您!

1996年12月3日写于中州铝厂

(此文刊登于中国有色金属报社《新闻之友》1997年第1期)

第五部分

演 讲

要重视心理康复

尊敬的康复医生和护士：

时隔5年，我又来到美丽的温泉镇，见到了熟悉的山水、熟悉的朋友，非常快乐。6年前的这个时候，木棉花刚刚盛开，我来到广东省工伤康复中心，度过了我人生中重要的一年。经过康复，我的身体状况得到很大改善，我勇敢地接受了残疾的事实，还学到了许多宝贵的康复知识。这一年虽然是我的最低谷期，但我的收获很多。每当想起流溪河畔的这一段生活，想起康复中心的朋友们，我和我的家人一往情深，心里充满了感谢。

这次来到康复中心，中心领导让我结合自己的心路历程，谈一下对康复工作的建议。下面我重点谈一谈心理康复的问题，供大家参考（心路历程见书中文章内容，在此略）。

我伤残以后，长时间陷在心理的阴霾中，自己没有了快乐，家庭也少了欢乐。后来，经过苦苦挣扎，我终于走了出来，回头看，周期太长，损失也太大。如果我的心理问题早早得到重视和干预，我想，至少我会在黑暗中少走一些路，少受一些煎熬和折磨。所以心理问题是一个大问题，康复的最终目的应该是让残疾的工友快乐起来，接受伤残的事实，坦然面对未来，勇敢地走向新生活。

心理问题十分复杂,牵扯的方面太多,但是康复医护工作者完全可以有所作为。病人和家属在临床医院时,注意力在治病救人,许多现实问题无暇顾及。来到康复中心,心理问题表现出来,往往很突出。病人有了心理问题,不光影响康复治疗效果,而且容易走向极端。康复治疗的过程,也是病人心理治疗的过程,解决了心理问题,才能真正调动病人康复治疗的积极性。作为从阴霾中走出来的人,我提几点建议供大家参考:

第一点是要关爱病友。我过去是一个不怕困难的人,困难越大,感觉状态越好。但是伤残之后,感觉到了自己的弱小,想做什么事情都无能为力,我也明白了为什么小孩子在黑暗里会呼唤妈妈。所以说,面对低谷期的工伤职工和家属,外界一点点的温情和关爱,都容易激发起他们生活的勇气,反之,则会促使他们更加消极,甚至使内心积压的悲愤和痛苦爆发,走向极端。我到康复中心的时候,我的责任护士周末带我去吃走地鸡,医护人员帮我到广州购买生活用品;我太太回深圳晚上赶不回来时,她们在病房里照顾我……所有的这些,带给了我美好的感觉。所以我爱这个中心,爱康复工作者,在我最困难的时候,是他们给了我温情,让我感受到世间的美好,这就是关爱的力量。

第二点是要尊重病人。我曾经看到有医护人员呵斥工伤病人的情景,她口气显示:你们是受恩惠者,应该感恩戴德!工伤康复是劳动者的权益,而金钱换不来健康。我想起有一年,国家社保部工伤司司长陈刚在我的病床前说:"工伤数字,对于单位来说只是个数字,但对于个人和家庭来讲是百分之百的伤害。"这句话温暖了我很多年,这是对工伤职工的理解。我知道,许多工伤家庭失去造血功能后,原本幸福的小家庭开始走向没落,他们身后的辛酸故事很多,仅仅离婚的比例就很高。

第三点要理解病人。我在西京医院住院期间,有一段时间发烧,产生幻觉,而且情绪激动,每天大喊大叫。科主任是一位老医生,她没有责怪我,而是理解我,对医院的不周之处表示歉意。现在想起来我感觉很惭愧。病人是不可理喻的,在重大的灾难和身体疼痛的折磨下,很多人是不理性的,有经验的医护人员会妥善处理此类事情。如果当时他们与我产生冲突,对我的伤害会很大。所以要理解病人,要有人性化的思维意识。

第四点是帮助病人。要力所能及地创造条件,提供好服务。来到康复医院,是病人及家庭的最困难期,如果多站在病人的角度思考问题,给他们创造舒服和谐的环境,形成以病人为中心的康复理念和文化,这是康复中心树立品牌的关键。很多病人受伤之后来到这里,对相关工伤的法规政策不了解,心事重重。如果有专门人员提供法规的宣传讲解,让他们了解政策,理清思路,对他们会很有帮助。我们在自己的网站上是不是可以增加相关法规政策内容的介绍?能不能请广州的一些律师一个月来一两天,给病人提供咨询服务?我知道社会上有许多这样的热心人士,愿意帮助残疾人,希望医院能够疏通这个渠道,借助社会的力量为病人服务。有些病人与单位沟通不好,有的家庭内部关系不和谐,虽然在进行康复治疗,但心不静,精神不振,情绪低迷,影响了康复效果,有的人还有了心理障碍,这些问题不能忽视。

通过有效的心理干预,使病人在康复过程中,感受到生活的美好,激发起对生活的憧憬和信心,坦然面对残疾的事实,以良好的精神面貌回归社会,重建自己美好未来,这对和谐社会意义重大。病人走不出心灵的阴影,拖累的是整个家庭,是社会不和谐的因素。假如我萎靡消沉,我的家庭也不可能有现在这样阳光。因此注重残疾人心理问题,打开他们的心结,让他们从心站起,是康复工

作者为广东省工伤康复中心医护人员作报告现场

作绕不开的内容。

中国康复中心的一位老专家,全程观摩了台湾老师的课程后,感慨地说,刚刚起步的大陆康复事业,需要大踏步地向世界和地区先进的康复理念、文化学习,在心理康复和生活重建方面,要奋起直追,缩短差距。

广东省工伤康复中心技术力量雄厚,但是在心理康复方面,仍有发展空间。记得几年前初来康复中心,医生告诉我,心理测评结果显示,我的心理问题很大。那天从测评室出来,刚进电梯我就泪流满面,我自己很清楚这个结果,我真的希望他们能够帮助我。可后来,我再也见不到这位心理治疗师了,人什么模样我都没有了印象。而其它部门又只关注自己的治疗业务,没有人来综合关注研究病人的心理问题,心理康复成为空缺。当然,心理治疗绝不是一个心理科室能够完成的,需要全员各部门共同的意识和努力。

辅具也是帮助病人不可或缺的一个重要因素。病人经过康复在回归社会的时候,如果根据他们的实际情况,量身定做方便他们生活和工作的辅具，为他们重建生活提供方便，那是一项十分有意义和价值的工作。因此，重视心理康复的同时，跟踪并帮助他们进行生活重建，为他们配备必要的辅具十分重要。

这次来医院感触很深，短短时间内，中心取得的成绩令人骄傲，新的大型医院正在建设中，但是，如果我们再努力打造出自己的软实力，通过中国第一家工伤康复中心的窗口辐射作用，影响全国的工伤康复，使更多的工伤病人和残疾人受益，这是多么光荣而富有成就感的事业啊！

最后我特别想说，康复工作是一项受人敬重的工作，你们的辛劳，为许多不幸的家庭和个人带来了福音，你们是创造幸福的人，残疾人和他们的家庭发自肺腑地感激你们。

谢谢大家！

（根据2009年3月与广东省工伤康复中心医护人员交流录音整理，有删节和修改。）

让关爱的春天常驻
——在国家级工伤康复基地专家论证会上的发言

大家好！

我是来自深圳的工伤职工，也是工伤康复的受益者。我曾经是一位记者，2002年的一场车祸改变了我的命运，我成了一个不能写不能跑的四肢瘫痪者。当时除了右胳膊能动一点，我身体其他部分都不能动，肌肉迅速萎缩。我想，自己今后只能躺在昏暗的小屋里苦度余生了。

这个时候，深圳市社保局安排我到刚创立不久的广州市工伤康复中心（后改名为广东省工伤康复中心）进行康复。起初我对这种康复很排斥，医生告诉我："康复就像禾苗生长，今天和昨天相比看不出变化，但是半年之后效果就出来了。"半年后我的身体状况果然好起来了，这之后，我从广州回了深圳，体会到了许多病后的第一次。康复期间，我开始接受和面对现实，在医护人员的关爱下，我逐渐感受到了生活的一些快乐。回到家中，我们这个遭受重创的家庭又重新起航。我利用辅具，重新开始了我的写作和读书生活，开辟了"石新荣的博客"，思想有了窗口，我从内心感到了快乐。我走出家门去了许多地方，还积极参加社会活动，我的家庭获得

"深港残疾人幸福之家"称号。

回顾自己走过的路,我庆幸在关键的时候来到康复中心,接受了很好的专业康复。如果没有经过康复,我今天的状况不可想象,我的家庭也不可能有今天的阳光。是康复改变了我的命运,今天上午,在参加广东省工伤康复中心新址开工启动仪式时,当宏伟壮观的国家级工伤康复基地蓝图垂下时,我泪流满面,我期待着这个幸福工程能给更多的工伤职工带来幸福。

目前,我们国家的工伤康复和关爱体系还不完善。我回到深圳后的五六年时间里,与社保唯一的联系就是,每半年抱着日历拍一张生存照片连同派出所出具的生存证明给他们,作为领取工伤津贴的凭证,除此之外感受不到丝毫的关怀和温暖。

工伤职工大都是青壮年期致残,正是承担各种责任的时候,伤残一下子把个人和家庭带入了苦难的深渊,很多家庭造血功能从此消弱或者丧失,经济陷入困顿。除了经济上的压力外,这批人精神和心理上的压力更大,惧怕成为被遗忘者,所以渴望感受政府的关爱。今年广东省社保厅举办了工伤职工关爱行动,把老工伤从全国各地找来,到广东省工伤康复中心等医疗机构进行体检和再康复,大家欢心鼓舞,感觉十分温暖。我们希望这样的关爱行动能够形成机制,让关爱的春天常驻。

人类在生产生活的社会活动中,避免不了发生意外。工伤职工是为社会经济发展流了汗、流了血的人,希望随着具有世界水平的工伤康复基地的建成开业,用它影响带动全国的工伤康复事业发展,造福更广大的工伤职工。

2009 年 5 月于广州

跋

为石新荣干杯

叶 子

偶然走进石新荣的世界,有血有肉的《六爷》率先跃入眼帘,温暖触手可及。他的文笔老练沉着,有声有色,我的心也随着他的文字起伏跌宕着:这真是一个真性情的汉子!

闲暇中再次走近石新荣,走近这个有着温度的男人。

一篇《影子》让我深陷其中,不是激动,而是平静的柔情,如棉,亦如涓涓细流,就这样被温和的湿润浸泡得饱涨而柔软,心甘情愿。

整整三个小时,与温暖的石新荣在一起,自己也渐渐忘却初冬本有的凉意而一直温暖着。从《从心站起》到《我养兰寿》;从《久违的泪水》到《我的兰花开了》,分明已经看到你迎风微笑、静娴伫立的身影,让我不得不抬头仰视。

你是完整的,这份完整压抑着我在很长的时间里不敢正视自己。

记得自己在制作情感节目的时候,总会接到几乎同样的电话——或叹息,或唏嘘,或颓废,然后慨叹人为什么活着,心便也随着这种消极情绪沉沦,不能自拔。于是,知道了世界上有一种人,习惯在失落中寻找感觉,看不到光明。

那么今天,我想请你们走进石新荣的世界,与我一同感受这个温暖的男人,用我们尚在跳动的心,真切体会他,然后,请你闭上眼睛,屏气敛神地用我们麻木的手指,小心翼翼地触摸他完整而自由的灵魂。也许,只有这样才能平静和安慰我们早已乱了的心,舒缓我们一直迷乱了的灵魂。

你,不是大山,因为我没有感觉到沉重;你也不是大海,因为我看不到汹涌;你更不是雄鹰,饱胀着一飞冲天的欲望。那么,你是什么呢?竟让我平静地随你一起涌动……

你是湖泊,丰富而静娴,所有的涟漪是源于那些赖你而生的小精灵们的快乐,当然也是给风一个圆满的报答。

你是白云,随风便可舞成千姿,装点空灵的天空,也美丽我们的眼睛。

你是阳春白雪,暖暖地飘扬在略带清冷的空气中,悄悄融进大地,不留痕迹,却让我们有了一个干净的世界,用炫目的洁白和柔软荡涤我们心灵的尘埃,然后,去迎接明天的朝阳。

你是如邰丽华般自在的舞者,最美的音乐是那种渗入骨髓的韵律,原本无声。

心便一直这样冲动着。

我为石新荣而生的感动,不是因为他的境遇或他的坚强,而是因为终于可以从一个优秀而聪睿的男人身上,看到也听到了人类灵魂深处最纯粹的声音——善良、真实。而本来,这是应该被世俗蒙尘的,在他这样的年龄又如此优秀和聪睿的男人,是应该在滚滚的俗流中迷失的。

也许一切因了这特殊的境遇,也许连上帝也不忍让这么完整的美丽蒙尘,这种最原始最美丽的人性光辉让我晕眩得只想蹲在他的身旁尽情哭泣……为了所有心中有爱的人们,为了这个荒芜的世界,更为了不再孤独的自己!

期待那些认识或是不认识的朋友们,如果君心似我心,那么,就让我们在此刻不约而同地以岭壑为杯,邀雨露作酒,用崇敬为手高高地托起,让撞击而成的叮咚,肆意地回荡在我们心灵上空,余音缭绕:为石新荣干杯!

他比我们更健康

莫海斌

想为新荣写点什么,已经很久了。几次提笔,却又放下,直到我在他的博客上看到这么一段文字,乱纷纷的印象才明朗起来,像是浑浊的水里投下了一小块明矾:

> 我把两件瓷器放在我床边的窗台上。半夜醒来,淅淅沥沥的雨声中,听到瓶子发出清脆的开片声,"咔",又是"咔"的一声。钧瓷是活的!……
>
> ——《磁韵》

这是奇妙的体验——有生命、会生长的瓷器——却也是细微、寻常的。甚至,它就发生在身旁,你我却浑然不知;即使意识到了,也会轻慢地一笑置之。但在新荣的世界里,它却引发了一阵狂喜和通宵的期待。

这让我想起新荣的一段鱼缘。小时候,姨夫庭院的一缸睡莲和金鱼,给他留下深刻的印象。但在参加工作后,随着肩头责任加

从心站起——我的行走笔记

重,"再看那些痴迷养鱼的人,就很觉无聊"(《我养兰寿》)。直到巨变陡生,一番煎熬苦斗后,被迫撤退出这红尘十丈的名利场的他,却发现生活在一次急转弯后,展现出更为鲜活、生意盎然的一面:兰花的逸趣、幽香开始浸润他,他讶异于"过去自己怎么就没有注意它呢?"(《我的兰花开了》);他也可以因为一条生病的鱼而黯然神伤("哎,多么可爱的一条生命啊,可惜它就要消失了!"),用一整天的时间去疗救它,为它的康复写下绘声绘色、至情至性的文字。

俗语说,"退一步海阔天空"。退,是生活中的智慧。唯有退,海才得以阔,海阔任鱼跃;也只有退,天方显其空,浩荡的天空里鸟可自由翱翔。鱼跃鹰翔,这一切都涵容在人心当中,一颗因为退而阔大、宁静的心。在这样一颗心的映射下,生活的意义丰满起来,不会因为名位的引诱、利益的腐蚀、恩怨的牵掣、色欲的蛊惑而干瘪、污浊。新荣写花、写鱼、写音乐、写瓷器,也写亲情、写友情、写他的人生经历……字里行间,没有怨恨,没有绝望,没有得失计较,充溢着的是感恩、缅怀、对于生活的热爱、因为静观而发现的世界的美。纵然是回忆那段不堪回首的痛苦日子,他依然说"这是上苍赐给我独特的生命体验,有很多美好的东西,很珍贵,虽然也很痛"。就这一点来讲,新荣是朋友们的骄傲。像他这样一个责任心极强、平日里"忙得只有当电话少了的时候,才知道礼拜天到了"的人,突然遭罹大难,生活静止在病榻和轮椅上,却能顽强地穿越时光的黑暗隧道,重新以平和的心境、感恩的心情、积极的心态继续自己的心路历程,其中的曲折、艰辛、沉哀剧痛,绝非外人所能想象!但是,展示在我们面前的这些文字、这个人,却比我们更健康、更昂扬,足以为我们导夫先路!

在我的印象里，新荣依然是原来的那个新荣，生活狠狠地磨炼着他，却只是把他的美好品质打磨得更加纯粹、高贵。这是一位乐观、向上、理想主义情怀极重的人，所以他能够发现生活的美好，能够拥有别人的爱，也以同样赤诚、炽热的爱回报世界和人们。也正因为这样，他才能够尽情创造生活的美好，领略生活的美好，才有资格说："我拥有很多，我最珍惜的是，我还拥有对生活的热爱和憧憬！"（《从心站起》）

爱与被爱，是生活最好的动力、是创伤最有效的药剂。从2007年7月开博以来，新荣写朋友、写同事，写记忆里的种种。在晦暗的日子里，新荣从记忆里钩沉出来的，却是生命的美好和顽强。真诚地写作，是自我心理调整的最有效的途径。日日面对碧海蓝天，字里行间自然吹拂着海风，闪烁着日光；一个带着欣赏和感恩的心态去拾掇记忆的写作者，他的心态一定是从容而喜悦的。一年前，趴在办公室电脑前阅读这些文章的我，心里也是喜悦而充满希冀的。我看到，我所熟悉的那位老同学又回来了……

果然，新春伊始，新荣的笔端开始频繁地出入于现实生活，他写作的范围更大，心灵的感触也越来越细腻、鲜活了。他甚至敢于去触碰、正视那片记忆的雷区——受伤住院的那段时光。一篇《住院记事》，字字触目剜心，使人震惊于生命的顽强、为人父为人夫者责任心的伟大。新荣真正站立起来了，他以另一种方式行走在人世间，既徜徉于亲情、友情、艺术的美好，也开始活跃在城市的建设、残障人士的社会工作当中。他的文笔逐渐摆脱了职业记者的某些程式，越来越灵活，于细节处摇曳生姿。

新荣是我的朋友，也是我的老师，是他导引我走上舞文弄墨之路的。23年前，大概也就是这个季节吧，那个半大不小的工业城市里还弥漫着浓浓的文学氛围,两个高中生结伴骑车去参加一个诗歌活动,他们谁也不曾想到,其中一个的人生居然就此改变。回顾早已远去的青春岁月,我不禁要感慨,时光如流水,带走了许多人和事,但记忆还在,朋友间的友情还在,对生活的热爱还在!惟其如此,我们才从不懈怠,执着而骄傲地生活着。我常常想,如果能够把我们一帮老同学不屈不挠、力争上游的人生写成一部小说,为这个处于转轨期的时代留一幅剪影,那该是一件多么有意义的事呀!新荣是从写小说起步的,论才干、学识,无一不在我之上,我真心希望他就是我的青春岁月的圆梦人。

2008年11月

你的心是一座花园

刘丽华

第一遍读新荣的书是在他作为嘉宾上我节目的当晚,像读小说一样探问他如何"从心站起",一口气读到子夜时分;第二遍则是在国庆长假,带在身边,一点一点地读,认认真真地思量。

第一遍看他的书,把他作为一个身残志坚的勇者来读。第二遍读他的书,我已经忘记他是"残障人士"了,他比我们更健康。他的大智大勇、豁达从容、悲天悯人、真诚善意,使我们看到了一个纯粹、高贵的灵魂,与其对话,我们获益很多。我在想,要是把这本书当作一本励志书来读,就太小看了,这是本大书,容纳了生活百样,有一种人性的探问与生命的关怀。

让我意外的是,新荣的书罕见地折射出这个城市给予这一代移民者的光荣与梦想,抒写并记录着在这个城市新移民激情燃烧的岁月,承载着今天他对这个给他"再生"城市的理性思考和深度反省。从这个意义上,"笔记"就不仅仅是他一个人的故事,而是浓缩着深圳这个移民城市深圳人的精神奋斗史,浓缩着深圳人自己和家人成长的故事,也浓缩着这个时代对于新一代深圳人的顾盼

从心站起——我的行走笔记

与期许。他怀揣着梦想来到深圳,深圳是他梦开始的地方,如果把他个人的全部经历置于轰轰烈烈的岁月第一页,当年的石新荣就自然与今天重新站起来的他对接;深圳又是他重新开始、再次出发的地方,也是在深圳这片热土,心灰意冷的他走上了自己的振兴之路、康复之路。他提出了怎么让我们对一座城市肃然起敬的问题,没有从一己视角出发审视评判,也没有以一孔之见诠释生之不易、残之艰难,而是对整个社会发出了自己显然还没有意识到的人性深处的倡议,叩问着这个城市文明的精髓,叩问着市民内心生命的价值。我想城市的文明若是一个桶,我们对待残疾人的理念和价值观就是最短的那块板,就是那块板决定着、昭然着这个城市文明的高度。当他追问为什么深圳仅仅有一条公交线路有无障碍设施,还"司乘人员基本不用","由于很少使用,现在深圳大巴的无障碍设施基本都生了锈"时,一个城市的文明实际上内化为人内心的意识和理念,我想他的行走笔记就已经摆脱了个人康复的满足,成为一个公民社会一个正常人对城市发展理性的寄望了,因为他与这个城市在这个意义上息息相关。

　　本书另一个社会学意义上的价值在于从个人经历和体验出发揭示了一个重大的社会难题,点出了残疾人康复中的盲区甚至误区。我震惊于他"伤残以后,长时间陷在心理的阴霾中。经过苦苦的挣扎,我终于走了出来,回头看,周期太长,损失也太大。如果我的心理问题早早得到干预,我想,我至少会少走一些黑暗的路,少受一些煎熬和折磨",他对于残疾人的康复提出了更大意义上的"心理康复",他以为"残疾人心理康复才是康复的标志"。就像我们在重蹈着一个若干年前的覆辙——我们对健康的认知局限,仅仅身体的健康并不是健康,最后达成的共识依然是身心健康才是真正的健康。这条对于健全人"健康"的判断标准,曾经因为忽视心理健康多少人付出了代价,走了多长一段不该走的弯路,当石新荣以感同身受的慈悲之心大声呼吁时,微弱的声音能不能穿透偏见、愚鲁,让残疾人在黑暗路上的摸索短些、再短些?让我们再次警醒,在帮助残疾人回归社会时,需要的不仅仅是康复的环境,更重要的是康复的理念和康复的文化,是一个城市归根结底的价值选择。

  我觉得这本书还有一个我们没法忽视的价值,就是他以一个普通人的感悟来传达尊重生命、反思人性的至美之情。这是另一个版本的《钢铁是怎么炼成的》,而"这个"保尔·柯察金是一个中国人,是与我们说一样话、长一个样儿的深圳人,是我们看得见、学得了的"普通人",他揭开疼痛的昨天向我们展示着他"站起来"的全过程,他也曾经倒下,他也在灾难降临的那一刻惊慌失措,甚至迷信、迷惘、迷途,他也有人性中不健康的种子。正因为他是个活生生的像我们每个人一样的普通人、平凡人,他就可以学习甚至可以超越,当命运遭遇沦陷时生命一样可以吹响自己的冲锋号。看着"周末的晚上,天一黑,一队轮椅便浩浩荡荡向大排档进发"去吃山坑螺,还有酒,我们一定心含热泪为他们欢笑。他站在残疾人队伍的前沿,关注并思考残疾人特殊的家庭建设问题,"许多病友受伤以后,孩子辍了学,整个家庭由此搁浅",而他自己"站起来"的过程是"我回到了家,太太回归了社会,儿子回到了身边,这是很幸福的事情。曾经,这些只出现在我的梦里啊!"虽然我们读者跟着他松了一口气,因为"上天既然赐给了我们独特的生命体验,我已经习惯了承受,并从中享受着"了,但是由此也调整了我们这些肢体健全的人对残疾人、对残疾人家庭的关注角度,并真正建立起心灵的守护与信念的守望,让我们以我们能够的方式善待残疾人和他们的家人。由此我不得不说老天以各种方式在成全着生命,对于新荣,看这本书之前,我多少还是有种对于他的惋惜与疼惜的恻隐之心,读过他的行走笔记,我甚至觉得老天也许以另一种方式在厚爱他,我对他说"老天之所以选中你,一定是因为你有更大的使命!"

难得的是石新荣这样一个人——"四分之三的身体没有知觉,我不怕;两只手24小时剧痛,我也不怕;怕的是生活像一潭死水,没有一点涟漪;怕的是自己无价值地赖活着!"他说自己车祸后"沉默了五年,如同死亡了五年",他自己那颗感恩的心、那颗有大爱的心,让他绝处逢生,召唤他的实际上是他自己。他的文字中多处可看到"温暖"、"力量"这样的字眼,他常常被感动、被触动,却不知道他的字里行间时时在感动着我们;在最痛苦的时间、最黑暗的地方,也闪烁着独有的人性光辉。从他的书里,我们极少窥视到阴暗的一面,他呈现给我们的都是真、善、美,其实生活绝对不会每日于他都是风和日丽。当他从另一个高度在俯视生命时,所有健康的和不那么健康的,肢体健全的和肢体不健全的,都难以用我们的语境来周到地定义。连他书中以他的视角记录着我们忽视的残疾人的中、近镜镜头,都再不是苦难式的呈现与倾诉,而是正面拍照和善良的对视。

最后不得不说的是新荣呈现出的那份清醒与洒脱,劫后重生沉淀下来的肯定是他认定最有份量的、最有价值的,那就是——"逐渐地,我不喜欢了应酬、交际,更讨厌探讨所谓事业、金钱的话题,对亲情、友情和个人情趣日渐看重。"看他《吃饭》那篇,先写到"最怕与人吃饭了,一双没有功能的手,筷子、勺子抓不住,酒杯拿

不起,坐在桌前,感觉呆若木鸡。"看到这里,相信每一位读者也会呆若木鸡一下了,因为我们这些健全人似乎从来都没有反映过这个本应让我们感到幸福的健康问题,我们从来都是心安理得的承受者,也必然理所当然地享用着生活给予我们的这份厚待,只有从他身上折射出我们的富足与不足时,我们也情不自禁地心动了;他却说"后来解脱了,手动不了,心也就干脆不动了,无论什么场合,无论什么人,已经习惯了不敬酒,坐在那里,一副心安理得的样子。""心也干脆不动了"就这几个字,像几颗子弹嗖嗖射向肢体健全的我们,一个石新荣的境界立刻升腾在我们的视界,他心安理得之态却是我们反躬自问之时。他以为"饭局是一种形式,酒来酒往,说些不痛不痒的废话,看似热热闹闹的场面,心里照样孤独。不喜欢这些形式,一堆人吃饭喝酒,不如一两个朋友喝茶,能说些真话。"有多少人有定力、有气力可以这样大步超越?可以这样气定神闲地望着熙熙攘攘的"过江之鲫",没有精神上的放达就不会有人情上的这份练达。透过书中这样俯拾皆是的细节,我们在以己推人地想谁有病、谁残疾?谁又更健康?他就这样牵着他的读者一步一个脚印从普通人的庸常出发,寻找可能通向真正幸福的原乡;他跋涉过生命的河流,超然地浮现在我们的对立面,观照着平常世界的我们,他笑看我们的时候,有时会令我们生出几分不安。

　　读他的书,会更加欣赏他这个人。让我们再次觉得生理上的残疾不可怕,他活得自然、自在,享受着自己营造出来生命的美好。当我们说"轮椅上也是一种生活,轮椅上照样有梦想,轮椅的天空照样有彩虹",总有点站着说话不腰疼之感,理直气也不壮,这话石新荣说出来就是切肤之言,是生命的证词,就有说服力,他是最有资格讲的,他风轻云淡地讲过这些话足以令人鼓起生命的风帆。而最让我忽视他是个残疾人的地方,是他对每个日子那种举重若轻的姿态,这,着实令人羡慕。他,教我们怎样养金鱼,其实我也养过一批又一批的金鱼,一盆接着一盆地壮烈了,令我既爱又怕,再不敢继续辜负这些水中精灵,想鱼的时候看看存下的那些关于海洋与鱼的影碟聊以自慰,也想像他那样在家里的大窗台上开辟出一汪水世界,想了十多年就是没办到,一直找不到具体有效地养鱼法子,居然在他的书中我绝然想不到地不期而遇了;我也极爱兰花,我也喜欢瓷器,喜欢赏画,可是没有一样入了门,更别说成了他那样的高品级玩家,玩得出神入化、点石成金,他热爱生活至此让我们简直不能将他视为一个四肢瘫的人,面对那些生灵草木他比我们更正常态。

走进新荣的世界,看到的是一个欣欣向荣的世界。

2010 年 10 月

老同事的一封信

新荣：

多少年来的习惯，对于不熟悉的电话，我是不接的。但是那一天，神使鬼差，我按下了一个不熟悉电话的接听键，接到了你的电话。

两个小时后，我收到了两本书，你的大作《从心站起》。

案头的书籍、文件、报纸太多了。我本想随手一翻，放入书柜，闲了再读——毕竟是多年同事写的书，不会那么快就送到废纸堆。

然而就是那么一翻，我立刻站起身，打了几个电话，取消了后两天所有的约见、会议、应酬，倒锁了办公室的房门。

两天里，我静静坐着，静静地在读一本书。自参加工作以来，这是头一回。

多少年来，世态炎凉，人间沧桑，悲欢离合经历的太多，情感逐渐离我远去，心如止水，已经不会哭了。但是，读着你用辅具写下的二十万字，我不禁老泪纵横。

恰逢两个台风"狮子山""圆规"掠过上海。你在深圳，台风过后的天你见过，清澈、透明、蔚蓝、通畅，一如人哭后的心境。我突然觉得,哭哭真好!

读完书后,提起笔来,想给你写点什么。记不得多少年没有提笔写东西了,以至于女儿笑我,除了"同意"什么都不会写。和你笔谈,无异于班门弄斧,你别笑我。写完后又怕你看信不方便,我想把它打下来,用电子邮件给你发过去。我打字不好,是用食指一个指头一个指头捣的,忙到现在已是满头大汗。但是怎么说,我比你的困难小,我这样鼓励着自己。

新荣,如果没有记错,我们相识二十年,分别十三年了。二十年前,当我踏上中州这片土地,结识了你、胡斌、裴军。我真喜欢你们,真羡慕你们,是那样的年轻、聪明、生机勃勃。我懒,很少读书、看报,但那份小报《中铝建设报》我是看的。你们写中州的建设、生产和经营,见证了太行山下的创业与辉煌。也写中州的困难、失意、无奈和彷徨。小报的字里行间流淌着你们青春的激情,也时刻鞭策我们记住什么叫执著与责任。

而后,你们相继离开了中州铝厂。如果没有记错,作为当时的人事处长,是我签字放你们走的。当时你们来找我,都有几分不好意思。但是我很高兴。我觉得,虎豹属于深山,雄鹰属于蓝天,"开笼放鸟",我做的是件好事。

而后,我收到过裴军寄来的诗集,在从北京到郑州的火车上,我见到过胡斌,那时他已经是人民日报的记者了。他提起过你,说你在深圳,干得不错。听到你们好,我真高兴。时至今日,我依然为我们在中州奋斗过的岁月而感到自豪,依然为结识了你们这些年轻的朋友而感到骄傲。

但是我真的不知道,8年前,你经历了这样一场劫难。在你最艰难的时候,没有能给你提供任何帮助,哪怕是只言片语的问候。

而在你凤凰涅槃、浴血重生后,才来分享你从心站起后的成功。请原谅我的信息不畅与冷漠。

新荣,读了你的书,我深深的感到,当你从心站起后,任何怜悯任何安慰对你都是多余。我只能由衷的喊一声:新荣,你是好样的,我们为你骄傲,以你为荣!

是的,我们和你一样,有两条腿。我们的腿比你要健全,可是你的双腿对大地的感悟,比我们要塌实些。

我们和你一样,有两只手。我们的手比你要灵活,可是你的双手对世界的触摸,比我们要立体些。

我们和你一样,有一双眼睛,我们看得也许比你多些,但是你眼中的世界,比我们要光明些。

我们和你一样,有一段人生。我们的人生比你要平淡,但是你对人生的感悟,比我们要充实些。

我们和你一样,有一个家庭。但是你劫后重生的家庭,比我们要温暖些。

新荣,在这里,我要特别感谢你的夫人和孩子。不管你有多么坚强,倘若没有她们,不可能有你的今天。他们是你脊梁,是你的脊髓。

你的书,我要送给公司下面的一个工厂的残疾工人,还要给他们讲一堂党课,我想,我的这堂党课不会空洞。

我还要送给我的朋友。我的朋友鱼龙混杂,良莠不齐。我要从他们当中精挑细选,挑选那些能坐下来细细读你的书的人。也许我还会像祥林嫂那样不住嘴地叨叨:我有一个过去的同事,他叫石新荣。

再过几个月,我就退休了。感谢你在这个时候给我送来了你的书。以你为鉴,我会更加珍惜人生,好好活着。

上海正在举办世博会,欢迎你们一家来上海做客。

顺祝

秋安!

王镇平

2010 年 9 月

后 记

　　伤残以后,有朋友建议我写作,可没有这个念头。手功能障碍,握不住笔,也敲不了电脑键盘。另外,价值观变了,对有功利色彩的事情,没有了兴趣,觉得所谓写作、发表、出版,都是社会上健康人的思维,我只求每天内心的平静。

　　2007年夏天,老单位向我约稿出书用,推诿了一段时间,正准备放弃,这时得到了一个辅具,戴上它竟能敲击键盘了!约稿写了出来,自己很高兴,随之,脑海中滋润我的美好的东西,一件件鲜活起来,我有了写下去的冲动。写作的过程很艰辛,一根假指头,一个字母一个字母地敲,但是思想从此有了出口,与外界开始了交流,又感受到了快乐。

　　我写了我从心站起的故事,这一段惊心动魄的心路历程,蕴含的内容很丰富。

　　我写了我闲散的生活,它构成了我生命的细节,日子因它而多彩。

　　我写了我的亲情和爱情。这部分内容不多,但我相信有一天它会开出艳丽的花朵。

　　我写了我的友情。我怀着愉悦的心情,写这些温暖过我的朋友。在经历了重大磨难后,许多人在我的眼里美轮美奂,我用欣赏与尊敬的眼光看他们,尽管见面不一定说谢字。

当然,生活中也有丑恶,尤其当一个人从较为风光的台面上下来的时候,对这种丑恶的感受更深。我曾经为此消极过,但现在我已不再想它,充溢我内心的,都是些美好的东西,真、善、美永远是世界上最美丽的风景!

经历过生死,我的眼睛是清澈的,感觉是真实的。这些独特的生命体验,是上苍奖励给我的宝贵财富,很珍贵。我不是一个计划性很强的人,这些年更是随心所欲,想法来了,一口气能写好几篇。没有感触的时候,许久不动笔。写作的初衷是,让思想有一个出口,日子有一点乐趣,不再是一个等吃饭、等看电视、等睡觉的"三等公民"。最后要出书,是犹豫数次后的决定。自己曾经吹过牛,有同学和朋友的鼓励,有人说这些文章能让失意不快乐的人快乐……

去年去温泉再康复,在广东省工伤康复中心的电脑室,每天有很多病友上网看我的博客。在治疗大厅,看到病友一边作康复治疗,一边举着手机上网也在看,突然就想出书了。

没有去做一个周密的计划,随心所欲地写,因此,这本散文集的内容不是连贯的,也有重复的地方。但是有一点,我是动了感情来写的,说的都是真心话。文字体现出一点,生活是美好的,多多珍惜眼前拥有的幸福。

书出版了,特别感谢我的太太,8年来她始终陪伴、温暖着我。感谢我的父母、岳母和姊妹们,写他们的文字不多,但他们是我感激的人!

感谢我的同学和亲朋好友们,他们让我在经历寒冬时,体会到世界是温暖的！

　　感谢深圳市及福田区残联、广东省工伤康复中心、深圳市残疾人辅具资源中心、深圳狮子会……通过他们我知道，自己并不孤单，更不落寞，我也明白了一个道理——来自社会的关爱更温暖、更强大！

　　感谢深圳这座充满关爱的城市，在这里我从心站起！

　　特别感谢新闻界著名人士詹国枢老师（全国政协委员，原经济日报编委、副总编，原人民日报社编委、海外版总编辑）为我作序；感谢朋友叶子、刘丽华、同学莫海斌和老同事王镇平，他们的文章作为书跋是我的荣幸！

　　我的三位同学胡斌、莫海斌和史惊涛，为这本书的出版花费了心血，胡斌帮我做了大量工作，我由衷地感谢他们！谢谢人民日报出版社和责任编辑。

　　谢谢你们大家，你们是我眼里最美丽的风景，世界因为你们而美好，我因为你们而感到富有和幸福，永远爱你们！

作者
2010 年 6 月于深圳